KB211810

In Planting
to GROW

홍수철 목사의
예빛교회 개척이야기

개척에서
성장까지

세상 부귀 등지고
십자가 보네

어두워진 숲 속에서 홀로 두려워하고 있을 때

빛이 보이는 길을 발견하여 그 길을 걸어가는 것은

어두운 숲을 걷던 사람에게 더 없이

커다란 기쁨입니다.

오늘 우리가 사는 세상은 마치 어두워진 숲과 같이 보입니다. 사람들은 이 어두운 세상 속에서 자신들을 소망의 길로 인도해 줄 참 빛을 찾고 있습니다. 그 빛은 오직 예수 그리스도 밖에는 없습니다. 인류를 구원하기 위해 이 땅에 오신 참 빛 되시는 예수님, 바로 그 분을 전하기 위해 예빛교회는 세워졌습니다.

인기가수에서 주님을 만나고 찬양사역 10년 만에 지난 1997년 신학교(서울장신대)에 다니며 하나님의 종으로 훈련을 받기 시작했습니다. 그것은 오직 '하나님의 은혜'였습니다.

장로회신학대학교 신학대학원 졸업 후, 바로 교회를 개척했습니다.

약 20평 되는 작은 예배당을 얻어 아내와 단 둘이서 새벽예배를 드리면서 시작했습니다. 조금은 답답하기도 했었지만 하나님께서 일하신다는 것을 신뢰하면서 열심히 사역했습니다.

처음 교회를 시작할 무렵 한 가지 소망이 있었습니다. 평생 예수님을 가슴에 품고 예수님을 닮아가는 사역이었습니다. 그러므로 건강한 교회를 세우기 위한 최선은 하나님 앞에서 (coram deo) '진실함'과 '열정'으로 주님의 교회를 세워가는 것이었습니다. 바로 그것이 사람들의 마음을 열게 했습니다. 한두 명씩 방문하던 이들이 계속해서 교회에 정착하기 시작했습니다. 1년 만에 비록 작지만 20평의 예배당이 50명의 성도들로 가득 차게 되었습니다. 새벽예배 때도 20여 명이 고정적으로 참석하기 시작했습니다.

개척 3년 만에 예배당을 확장하게 됐습니다. 두 배 크기로 말입니다. 현재 300명 이상 모이는 출석교인들은 더 큰 하나님의 사역에 동참함으로 어깨가 무겁긴 하지만 이제껏 함께한 하나님의 은혜가 있었기에 교회 성장의 비전을 갖고 잃어버린 영혼들을 주님께로 인도하기 위해 세상을 향해 나아갑니다.

이 책에서 말하는 예빛교회의 "개척에서 성장까지"는 목양 사역에서 임상 실험한 내용들을 소개합니다. 교회 성장의 이론적이고 방법론적인 전략과 원리를 정리한 것입니다. 현재 한국교회는 성장이 멈추어진지 오래되었습니다. 교회 성도들이 감소되는 현실은 이제 교회가 부인 할 수 없는 시대가 되었습니다.

그러나 성장이 멈춘 이 어려운 시대에 "예배의 소속감 고취를 통한 새 신자 정착율 개선 방안 연구"라는 제목의 제 목회신학박사 논문인 이 책의 내용을 새 신자에게 예배와 교육을 통해 적절하게 적용한다면 교회의 주인 되시는 주님께서는 그의 나라를 계속 확장시키실 것입니다. 주님의 교회는 성장이 둔화된 이 시대에도 지속적인 성장이 일어날 것을 확신합니다.

본서의 출간을 기쁘게 기다리는 따스한 이야기 대표 김현태 목사님과 부족한 저의 학위 수학을 지도해 주시고 본 논문이 완성될 수 있도록 처음부터 마지막까지 세밀하게 정성껏 도움을 주신 김경진 교수님께 감사를 드립니다. 그리고 함께 지도해 주신 김운용 교수님과 최진봉 교수님께 감사를 드립니다.

목회현장에서의 성도님들의 든든한 지원이 없었더라면 학업을 마치거나, 이 논문이 나올 수도 없었을 것입니다. 목회가 행복할 수 있다는 것을 느끼게 해주시고, 공부를 마칠 때까지 물심양면으로 배려해주신 홍수환, 이문용, 이종환 장로님과 권사님들, 그리고 집사님들…
매 주마다 사랑으로 따뜻하게 격려하고 기도로 늘 새 힘을 공급받게 하신 예빛교회 성도님들 한 분 한 분의 고마운 얼굴이 떠오릅니다. 그리고 어려운 가운데서도 함께 논문을 준비하면서 서로에게 의지가 되었던 유운성 목사님과 몸이 불편한 가운데서도 꼼꼼히 챙겨주면서 끝까지 함께 해 준 김상수 목사님, 언제나 마음과 뜻을 함께 나누는 영적 동역자인 김익영 목사님에게 감사를 드립니다. 또한 마지막 교정을 위해 수고를 아끼지 않았던 홍성화전도사와 교회 개척과 성장의 역사 자료를 준비한 박용해 안수집사님에게도 감사를 드립니다.

목회와 학업을 핑계로 제대로 남편구실도 못한 저에게 변함없이 기도하며 사랑으로 대해 준 아내(박미령)에게 평생을 두고 갚아야 할 사랑의 빚이 있습니다. 하나님께서 선물로 주셔서 보기만 해도 힘이 되는 자린, 요셉에게는 고마움과 함께 아버지로서 미안한 마음이 앞섭니다.

그 외에 감사의 마음을 가슴에 품고 있으면서도 일일이 적어드리지 못한 많은 분들께 죄송스런 마음과 감사의 인사를 드립니다.

마지막으로 이 책이 교회의 개척과 성장을 희망하는 목회현장에 있는 동역자분들께 조금이나마 도움이 될 수 있다면 저에게는 더 바랄 것 없는 보람이며 하나님께 영광이 될 것입니다.

2015년 가을이 시작되는 때
주님과 함께하는 나의 서재에서
홍수철 목사

contents

현대 교회의 큰 문제는 교회가 전도하지 않는 것이며 그 보다 더 안타까운 것은
그나마 전도된 새 신자를 붙잡지 못한다는 것이다.

전도의 황제 빌리 그래함이 전도 대회를 통해 결신 시킨 9백만의 초 신자 중에서
교회에 정착한 사람은 전체의 10% 미만이라는 충격적인 보고가 있다. 그러므로 새
신자 정착의 문제는 오늘날 교회 성장에서 전도나 양육보다 더 관심 있는 영역으로
자리 잡아 가야한다. 그러나 새 신자를 중심으로 한 조직적 연구 자료는 부족한
현실이다.

들어가는 말

In Planting to Grow

예빛교회 창립예배

chapter. 1

들어가는 말

A_
문제제기

요즈음 한국 교회의 이미지가 많이 실추되었다. 교회 밖으로부터의 비난이 쏟아지고 있는 것을 부인 할 수 없는 현실이다. 교회의 실추된 모습들이 세상 법정에서, 방송에서 다루어지는 일들도 흔히 볼 수 있게 됐다. 한국교회는 지금 위기를 맞고 있다. 특히 얼마 전 일어난 사건인 세월호 침몰과 유병언과 구원파의 재등장은 이단과 사이비 종교의 문제를 다시 부각 시켰다. 이단과 정통교회를 분별하지 못하는 세상사람들에게는 한국교회가 공신력을 잃어 존경과 신뢰를 받지 못하고, 오히려 조롱의 대상이 된 것이다. 한국 기독교는 양적으로는 성장이 멈춘 지, 벌써 오랜 시간이 지났다, 도리어 지금은 교회마다 교인들이 감소하고 있는 상태에 있다, 2005년 정부가 시행한 인구주택조사에서 기독교인의 수는 대략 870만 명(18.7%)정도였다. 870만 명 가운데 150-200만 명 정도를 이단으로 보는 통계에 따르면 기독교인의 숫자는 620-720만 명 정도이다. 한국교회는 성장이 멈추었을 뿐만 아니라 교인수가 감소하기 시작한 것으로 보인다. 최윤식박사는 "한국사회의 인구구조변화와 기독교 자체의 부흥동력 상실, 그리고 교회 이미지의 추락 등과 같은 현재의 상태가 지속된다면 2050-2060년경에는 400만, 아니 300만 명대로 교인 수가 줄어들 수 있다"[1]고 전망한다.

현대 교회의 큰 문제는 교회가 전도하지 않는 것이며 그 보다 더 안타까운 것은 그나마 전도된 새 신자를 붙잡지 못한다는 것이다.[2] 전도의 황제 빌리 그래함이 전도 대회를 통해 결신 시킨 9백만의 초 신자 중에서 교회에 정착한 사람은 전체의 10% 미만이라는 충격적인 보고가 있다. 그러므로 새 신자 정착의 문제는 오늘날 교회 성장에서 전도나 양육보다 더 관심 있는 영역으로 자리 잡아 가야한다. 그러나 새 신자를 중심으로 한 조직적 연구 자료는 부족한 현실이다. 여기서 교회를 부흥시켜야 한다는 생각은 막연한 목표나 객관적인 방법에 따라 실행할 수 있다. 그러므로 한국 교회의 큰 문제는 앞문으로 들어온 새 신자를 뒷문으로 빠져 나가는데 대안이 없다. 새 신자가 예배에 참여하고, 복음을 경험하게 함으로 소속감 고취를 통한 교회에 정착을 할 수 있는 대안을 제시하지 못한다면 교회에 정착하지 못하는 새 신자들이 안고 있는 문제에 대한 해답을 주지 못하고 있다는 사실이다.

---

1) 최윤식, 『한국교회 미래지도』 (서울: 생명의 말씀사, 2013), 39.
2) 교회성장연구소 편집부, 『한국교회 새 신자 정착모델 베스트4』 (서울: 교회성장연구소, 2013), 6.

B_
방법론

현대교회는 새 신자가 교회를 스스로 찾아오는 것을 기대하기는 매우 어려워지는 현상이 나타나고 있다. 그러나 이러한 때에 어떤 교회들은 새 신자가 스스로 교회를 찾아오는 경우가 있다. 그들을 정착시켜야 한다. 새 신자 정착의 문제는 오늘날 교회 성장에서 전도나 양육보다 더 관심 있는 영역으로 생각해야 한다. 새 신자들을 정착시키지 못하고 교회를 떠나게 한다면 전도를 하고 양육을 한다하더라도 교인 수는 점점 줄어들어가는 실태가 될 것이다.

> 일반적으로, 전형적인 교회는 매년 약 6%의 교인을 잃는다. 얼마는 이사를 가거나 다른 교회로 옮기고, 얼마는 죽음을 만나거나 교회로부터 이탈한다. 대형 교회나 변동이 많은 교회는 그 숫자가 매우 높아 약10%를 잃는다. 200명이 출석하는 전형적인 교회를 한번 생각해보면 약 12명의 교인이 매년 줄어들게 된다.[3]

현대 교회는 먼저 전도를 해야 한다. 그리고 그보다 더 심각한 상황으로 받아들여야 하는 것은 그나마 전도된 새 신자를 정착시키지 못한다는 것을 인식해야 한다. "교회가 성장하려면 우선 그 줄어든 만큼의 교인수를 채워야 한다."[4] 교회가 전도에 힘을 모으

---

3) Robert L. Bast, Attractin New Membersv, 김명남 역, 『새 신자를 끌어라』(서울: 프라미스, 2002), 17.
4) 위의 책, 17.

지 않으면 성장은 불가능하다. 지금 이 시대에 사람들이 스스로 교회를 찾아올 것이라는 생각은 매우 잘못된 생각이다. 그러므로 "성장하는 교회는 성장을 위해 노력하는 교회이다. 그들은 성장을 촉진하는 일들을 행동한다."[5] 새 신자가 교회 정착을 위해 계획하고 실천할 수 있는 프로그램을 진행한다는 것은 결국 교회 성장에 시작이 될 것이다. 교회 성장은 새 신자가 예배를 통해 복음을 경험하고 교회에 대한 소속감을 갖게 할 때 새 신자는 정착하게 될 것이다. 그러나 예배를 통해 새 신자가 복음을 경험하지 못하고 기존신자들의 사랑과 섬김으로 새 신자들을 돌보도록 계획이 되지 않았을 경우 교회를 떠나게 된다. 교회와 새 신자의 만남은 매우 중요하다. 새 신자의 입장에서 자신들의 욕구가 교회에서 충족되어야 한다.

아내와 나는 휴가를 보내는 곳의 한 교회를 출석하였다. 거기에는 인쇄된 예배 순서가 아무것도 없었고, 예배의 참여하기 위해 필요한 자료들이 있었으나 전혀 처음 가 본 그곳에서 적응하기가 매우 어려웠다. 우리는 예배가 어떻게 진행될지도 모르고 있었다. 열린 예배형식으로 드리는 것 같았지만 우리는 예배를 통해 하나님의 은혜를 경험할 수 없었고 매우 산만함을 느꼈다. 또한 그 교회의 성도들은 너무나 불친절했다. 우리는 다시 오고 싶지 않은 교회로 기억에 남게 되었다.

교회는 새 신자에게 예배에 참여하여 교회 공동체 일원이라는 것을 느끼도록 해야 한다. 새 신자에게 어려움이 없도록 함께 예배의 동참하는 새 신자 위원들의 돌봄이 예배 진행 속에서도 필요하다. 그리고 인쇄

---

5) 위의 책, 19.

된 주보를 통해 예배에 참여하는데 불편함이 없도록 인도해 주어야 한다. 그리고 새 신자를 정중히 환영하는 것이다. 매 예배마다 환영함과 축복함을 통해 새 신자를 접촉할 뿐 아니라, 모든 성도들에게도 매 예배마다 새 신자들이 참석하고 있다는 관심을 갖도록 하고, 새 신자에게는 기대를 넘어 교회의 소속감을 불러일으킬 수 있게 해야 한다.

새 신자들이 처음 출석을 하여 교회를 결정하지 않고 몇 번에 걸친 탐색과정을 거친다. 어떤 등록 새 신자는 무려 1년 이상 교회에는 출석하면서도 등록을 하지 않았다고 한다. 그런데 필자의 경우는 여러 교회를 방문한 새 신자들이 마지막으로 필자가 섬기는 교회를 방문하고 등록하는 경우가 많았다. 그런데 새 신자를 정착하도록 하는 방법에 결핍된 문제가 있었다. 새 신자 교육에 부교역자들이 감당하면서 형식적인 성경공부는 새 신자들을 정착시키는데 방해가 되었다. 그리고 교육 방식의 지루함과 4주의 짧은 교육시간은 새 신자를 양육하기에는 너무나 부족한 시간이었다. 또한 이해하기 어려운 성경공부는 교회에 대한 거부감을 일으키는 경우로 나타났다.

새 신자 정착 율을 높이기 위해서 교회가 새 신자 교리 교육을 체계적으로 훈련시킴으로 등록교인이 도리어 적을 지라도 체계적인 새 신자 교리 훈련으로 인해 그 효과는 시일이 지남에 따라 개선되는 방향을 찾을 것이다.

복음 시대에서의 교육은 예수님을 기초로 이루어 졌으며 교사되신 그리스도께서 친히 제자들을 새 신자 훈련을 하였다. 예수님의 교육방법은 생활의 본을 통한 교육이다. (마4:19, 요13:15, 마11:29) 그리고 일상생활 속에서 자유롭게 교육을 했다.

칼뱅은 그의 저서 기독교 강요에 의하면 "신학은 서구 문명의 원천이기도 하다"[6]라고 했다.

새 신자들에게 교리 성경공부를 통해 믿음과 실제의 절대 절명의 권위인 성경 말씀에 복종해야 함을 훈련한다. 인간 모두가 죄로 인해 하나님과 분리되었음에 대한 확실한 이해를 시켜나간다. 예수 그리스도와의 구속적인 관계없이 영원한 하나님과의 분리를 경험해야 한다는 것을 인정하도록 교육한다. 예수 그리스도만이 구원과 영생에 이르는 유일한 길이고 다른 길은 없음을 믿게 가르친다. (요14:6) 궁극적이고 부인 할 수 없고 능력 있는 하나님의 말씀에 대한 설교와 가르침으로 새 신자들을 복음의 경험을 갖게 한다. 그러므로 인본주의를 배척하고 하나님의 말씀으로 세워지는 신본주의 중심으로 새 신자 훈련이 이루어지게 한다.

처음 교회에 출석하여 좋은 이미지를 갖도록 하는 사람들은 새 신자를 돌보는 위원들이다. 그러므로 새 신자 돌봄의 위원들은 교회 중직 자들이 감당하는 것이 좋다. 새 신자 양육과정은 주일 출석과 동시에 이루어진다. 첫 주일교육은 새 신자의 정착에 가장 큰 영향을 미친다. 그러므로 이론적인 교육보다는 이해 중심의 교육과 함께 훈련을 실시해야 한다. 그리고 재미있게 교육하는 가운데 복음의 핵심을 바로 전달하도록 한다.

새 신자에게 예배는 매우 중요하다. 기쁨은 예배의 기본 요소 중 하나이다. 새 신자들은 예배를 통해 확실한 무엇인가를 느끼기를 원한다. 그

---

6) 박종기,「새신자를 정착시켜라」(서울: 영문, 2009), 38.

러기에 새 신자들은 예배를 통해 하나님과 자신과의 관계 속에서 자신의 죄로 인해 하나님과의 원수관계였던 것을 확인하고 자신의 죄를 사하기 위해 예수그리스도께서 자신의 죄 때문에 십자가의 죽음을 맞아야만 했다는 복음을 깨달아야 한다. 그리고 예수님의 부활의 사건은 자신이 죽어도 부활한다는 진리를 예배를 통해 발견해야 한다. 그러므로 하나님의 사랑 속에서 이루어진 구원의 이야기를 통해 삶의 용기와 자신의 존재의 정체성을 확인하고 구원받은 하나님의 자녀 됨을 확인하며 기쁨으로 교회를 떠날 수 있도록 하나님의 은혜의 경험이 필요하다. 그러므로 새 신자들은 예배를 통해 자신의 삶속에서 지었던 죄를 회개함으로 이루진 사죄의 은총과 구원의 기쁨을 경험하게 해야 할 것이다.

예수 그리스도의 십자가의 죽음이 자신의 죄를 사하기 위한 복음이라는 것을 깨닫고 자신의 죄 사함을 받은 은총의 사실을 확인하고 구원받은 확신 속에 드려지는 예배는 축제의 분위기가 될 것이다.

시편기자의 말씀처럼 "사람이 내게 말하기를 여호와의 집에 올라가자 할 때에 내가 기뻐하였도다"(시122:1)라는 것을 체험하도록 만들어 주는 것이다. 새 신자 정착의 새로운 방법론은 새 신자 프로그램의 개선이다. 첫째, 지루하게 진행되지 않도록 이끌어 가야 한다.

첫째, 지루하게 진행되지 않도록 이끌어 가야 한다. 첫 출석 후 둘째 주일에 결석하는 경우는 많은 사례가 이야기 하듯이 교육에 지루함을 느꼈기 때문이다. 그러므로 "교육진행자는 유머가 있고, 밝은 분위기 속에서 복음을 제시하는 교육을 진행해야 한다."[7]

---

7) 위의 책, 163.

둘째, "교육의 핵심을 놓치지 말아야 한다. 재미있게 교육을 하는 가운데, 핵심을 바로 전달하도록 노력한다."[8] 교육의 핵심은 다양하게 주어지고 복음의 핵심이 전달되어야 한다. 교육의 핵심은 "성경이란 무엇인가, 하나님은 누구신가, 하나님의 일하심, 인간, 그 신비함, 예수 그리스도, 성령, 예수님의 영, 구원이란 무엇인가, 교회란 무엇인가, 은혜로 사는 삶, 죽음과 천국에 대한 내용이다."[9]

새 신자의 정착 율에 대해 최종적인 목적은 예배의 소속감 고취를 통한 새 신자 정착 율을 개선함으로서 교회의 부흥을 일으킨다 하겠다. 또한 예배를 통해 복음(말씀)을 경험하고 변화된 삶 가운데 교회를 사랑하고 구원의 감격이 일어남으로 교회 소속감 고취를 통한 교회 정착을 하는 것이다. 예배를 통해 복음을 깊이 경험하고, 세상보다 교회를 사랑하며 교회의 소속감이 고취됨으로 교회에 일원으로 정착함과 동시에 하나님의 귀한 일꾼으로 새롭게 변화된 삶을 살아가게 하는 것이다.

> 교회에서 세 종류의 용어가 새 신자가 활동적인 교인으로 옮겨지는 진행과정을 설명 하는데 흔히 사용되고 있다. 그것은 '동화', '융화', 그리고 '결합'이다. 이세용어는 교회에 들어온 새 신자를 환영하는 중요한 주제와 관련되어있다. '동화'(assimilation)한 단체의 전통 속으로 흡수되는 것, '융화'(integration)한 통일된 전체 속으로 통합하거나 섞이는 것, 결합'(incorporation)한 기관(몸)속으로의 회원을 허용하는 것이다. '결합'의 용어가 교회를 가장 잘 상징하는 '몸'이라는 사상을품고 있기 때문에 가장 적합한 듯하다. 그리고 그것은 몸에 가입하고 일체가 된다는 사상을 모두 품고 있기 때문에 적합하다. [10]

---

8) 위의 책, 164.
9) 윤상덕, 『새 신자 교리 업그레이드 워크북』 (서울: 드림북, 2009), 3.
10) Roy Oswald and Speed Leas, The Inviting Church, (Washington, The Alban Institute, 1987), 28, 39.

교회는 새 신자를 정착시키려면 그리스도 안에서 한 몸이요 지체라는 것을 깨닫게 하고, 서로가 그리스도 안에서 한 형제자매인 구원받은 하나님의 백성들의 공동체로서 소속감을 갖도록 한다. 그리고 새 신자 정착하는 과정 속에서 일어나는 이해가 매우 필요하다. 그러므로 새 신자에게 소속감을 고취시켜 교회에 정착시키려면, 그것은 교회 안에서 먼저 '친교'가 이루어져야 한다.

새 신자가 교회에 등록하였다면 동시에 새 신자반에 들어가도록 해야 한다. 함께 배우고 함께 공부하고 훈련하며 동료의 친밀함 속에서 이미 시작된 친교가 결실할 것이기 때문이다.

오래된 교인과의 친교도 중요하다. 교회 안에 친교가 없다면, 대부분의 새 신자는 그 교회에 머물지 않을 것이다. 그리고 새 신자가 교회 안에 소그룹(사랑방)의 식구가 되어야 한다. 교회에서는 모든 사람을 빠른 시일에 다 알 수도 없고 또 모든 사람들과 친교한다는 것이 어려움이 있기에 적은 친교 그룹의 경험이 대단히 중요하다. 그것은 기존성도의 돌봄의 현장으로 개인적인 경험을 만들어 준다. 신앙생활을 계속하기 위해 소그룹에 가입하는 것이 매우 중요하다. 소그룹에 가입하여 열 명이나 그 이상의 사람들이 될 때는 계속되는 또 다른 소그룹 반을 만들어야 한다. 그 때 소그룹 모임에서는 교회에서 주일에 들은 설교를 중심으로 한 말씀 나눔과 기도로 신앙생활을 풍성하게 해줘야한다. 그리고 새 신자들은 소속감을 갖기 위해 자신의 은사를 찾아주어야 한다. 그러므로 자신이 교회에 소속된 일원이라는 것을 느낄 수 있도록 하고 은사에 맞게 동기부여 함으로 교회 봉사에도 참여 할 수 있는 문을 열어준다. 그럴 때 새 신자들은 받은 대로 내주면서 교회 주인의식과 소속감을 가지고 중요한 목표에 도달하게 될 것이다. 만약 사람들이 교회에 등록한 후 교회 안에서 친구, 소그룹, 은사를 발견하고 봉사에 참여하게 된다면 그들은 완전히 정착된 새 신자로서 교회 소속감을 갖고 신앙생활을 할 것이다. 교육, 훈련, 동화, 융화, 결합, 이러한 목표들을 실천함으로 새 신자들의 교회 정착을 확인해 보는 것이 본 논문의 목적이다.

C_
논문의 구성

본 논문은 모두 7장으로 구성되어 있다.

1장에서는 한국교회의 위기와 새 신자 정착에 대한 교회 위기에 대해 언급하고 논문의 목적과 연구 방법을 설명하였다.

2장에서는 교회가 위치한 경기도 구리시, 인창동 지역에 대한 상황을 기술하고 필자가 목회하는 교회의 간략한 역사와 현재의 상황에 대해 기술하였다. 교회의 이상적 상황과 장애요소를 설명하고 장애요소를 극복하고 이상적 상황을 만들기 위한 목회적 도전방안을 제시하였다.

3장에서는 이론적 근거로 논하였다. 먼저 하나님의 선택에 의해 불러내어진 사람들의 공동체로서의 교회, 예배하는 공동체로서의 교회, 교제의 공동체, 환대의 공동체, 돌봄의 공동체라는 것과 예배의 성서적 근거, 예배의 교회사적 근거, 예배의 언어적 의미와 신학적 의미를 통해 예배의 근거와 의미를 논하였다. 새 신자 양육의 이론적 이해를 위해 성서에 나타난 새 신자 양육, 신학적 틀, 한국 교회사적 전통, 경험과 새 신자 접근을 위한 현대인의 이해에 대해 논하였다.

4장에서는 변화이론으로 매슬로우의 욕구이론을 제시하면서 소속욕구에 대한 일반적인 내용을 설명하였으며, 인간의 욕구는 하나님과의 인격적인 만남이 이루어질 때 가능함으로 교리훈련에 가장 큰 비중을 두었다. 예배의 소속감 고취를 통한 새 신자 정착은, 소속감에 대한 것을 논하고, 소속감 고취를 통하여 새 신자 정착율 개선방안을 제시하였다. 교회활성화이론은 해빙(Unfreezing), 변화(Change), 재 동결(Refreezing)의 단계로 되어 있는 Kurt Lewin의 활성화 변화이론을 사용하였다.

5장에서는 타개책을 제시하는 것으로 교회와 비전을 공유하고 위원회를 조직하고, 회중을 교육하는 사전 준비단계 과정, 실행의 과정을 기술하였다.

6장에서는 평가로 목사의 평가, 당회원 평가, 새 신자 위원회의 평가, 회중의 평가를 구분하였다. 위원회와 회중의 평가는 설문지를 분석하는 것으로 하였고, 새 신자 위원회의 평가는 설문지를 통한 평가 외에도 평가모임을 통한 평가를 정리하였다.

7장에서는 결론으로 본 논문을 통해 배운 점과 논문의 의의와 한계, 그리고 제언을 하였다.

교회는 예수님의 증언 공동체임으로 끊임없이 세상 속으로 나아가서 복음을
전해야하는 예수님의 지상 명령이 있다. 그러므로 전도에 무감각해진 성도들에게
복음전파에 열심을 내도록 하며 잃어버린 영혼들에 대한 하나님 기다림,
그 하나님의 사랑이 타오르게 해야 한다. 한 영혼 한 영혼이 얼마나 소중한지를
새 신자를 대할 때 깨달아야 한다. 교회에 나온 새 신자에 대한 우선적인 배려와
사랑과 이해가 있어야 한다. 그리고 새 신자 교리훈련을 통해 새 신자들에게
하나님의 은혜를 경험하게 한다. 기존 성도들은 새 신자들을 돌봄에 최선을 다해야
한다. 그것이 교회 새 신자 정착에 대한 중심인 사역이다.

상황과 도전

In Planting to Grow

전도 폭발 알파교육

chapter.2

상황과 도전

A_
지역적 상황

필자가 시무하는 교회(예빛교회)는 경기도 구리시 인창동 487-15 위치해 있다. 예빛교회가 위치한 구리시는, 396년 고구려 광개토왕이 백제에 대한 대규모 징벌을 감행하여 백제의 58개성과 700개의 촌락들을 차지하였다. 고구려 군이 당시 백제의 도읍인 한성까지 육박한 것으로 보아 지금의 구리 지역과 한강 유역은 이 때 고구려에 속하여 국경의 남단이 되었다.

그 후 일제시대에 조선을 강제로 합병한 후 1914년 행정구역으로 개편하였다. 현 명칭인 "구리"는 이때 생겨났다[11]. 구리시 승

---

11) 구리시청 편, 『구리의 역사와 문화』(1996. 4), 7.

격은 1986년 1월 1일에 되었고 구리시 인구수는 193,842명이다.

현 구리시의 옛 명칭은 구지(龜旨, 九地)였다. 그 구지라는 명칭이 처음 나타나는 문헌은 조선시대 지리서인 "신중동국여자 승람"이다. 이 책이 만들어진 시기는 1530년 조선 중기인데 그 이전의 책에서는 구지라는 명칭을 찾을 수 없다. 즉 '구지'의 한자 표기는 '구지'(龜旨) 가 일반적이었지만 '구지'(九地)라는 표기도 아울러 사용된 것이다.

이와 같은 사실에 입각하여 '구지'의 어원을 살펴보면 육지가 강이나 바다로 돌출한 지역을 '곶'이라 하는데 구리지역은 한강과 왕산내로 둘러싸인 곳으로 볼 수 있다. 곶이 고지로, 고지가 구지로 변하여 이에 해당하는 소리를 한자로 '구지'(龜旨, 九地). '구지'(九地) 라 표기한 것으로 추정된다. [12)]

종교는 원시시대에서 현대사회에 이르기까지 역사의 발전과 함께 사회적, 문화적 기능을 변화시키면서 영속되어 왔다. 즉 과거로부터 현재까지 정치, 경제, 사상, 예술, 과학 등 세계 모든 민족들의 사회와 문화 전 영역에 관련된 절대적, 궁극적 가치체계라고 할 수 있다. [13)]

기독교는 예수의 의해 1세기경 탄생한 종교이다. 일반적으로 기독교라 하면 "성서"를 따르는 모든 교파를 통칭하나, 우리나라에서는 로마 가톨릭인 천주교와 구분하여 프로테스탄티즘을 기독

---

12) 위의 책, 256.
13) 위의 책, 166.

교(개신교)라고 칭한다. 우리나라에는 19세기 초에 미국의 북 장로교가 들어오면서 전래되었다. 천주교와 마찬가지로 조선시대에는 박해를 받았으나 일제시대, 8.15해방을 거치면서 서서히 자리 잡기 시작하여 오늘 날에는 전 인구의 25%인 900만 명의 신도를 가진 큰 종교로 성장하였다. 구리시에는 150여 개의 크고 작은 교회가 있다. [14]

현재 통일교의 구리시 부동산 자산은 삼성그룹을 넘나든다는 소리가 있는 통일교가 갖고 있는 가평군만큼은 아니지만, 상당한 부동산을 갖고 있다. 맥콜로 유명한 일화 공장과 본사가 수택동에 있고, 아차산에는 성지랍시고 울타리를 따로 쳐 논 구역이 있으며, 수택동 주택가의 이문안저수지의 지분 상당수(총면적의 50%를 약간 넘는 수치라고 하며 나머지는 구리시 소유)를 가지고 있다. [15] 통일교의 본거지로 불릴 만큼 통일교의 영향이 크다. 그러므로 구리라는 도시에서 교회를 개척하고 복음을 전파한다는 것은 영적인 큰 전쟁이다. 그러나 이단 사이비종교와 거룩한 하나님의 백성으로서의 확연한 구별됨과, 교회의 질적인 부흥과 정통교회의 위상을 세워간다면 하나님의 나라는 구리시에서 아름답게 구현될 것이다. 필자가 시무하는 교회는 구리시 인창동이다. 대규모 아파트 단지가 형성되어있는 곳으로 복음을 전파하기에는 황금어장이다.

---

14) 위의 책, 169.
15) 위의 책, 9.

B_
교회적 상황

예빛교회는 지금부터 10년 전 2004년 서울 동 노회 속한 교회로서 필자가 본 교회를 개척함으로서 (2004년 3월 1일) 첫 주일 예배 - 필자 외 26명(구리시 인창동 487-15 삼성아파트 상가 2층 임대)이 창립예배를 드리며 교회는 설립되었다.

필자는 개척 이후 열심히 목회한다고 했으나 수년 동안 교회는 양적으로 별로 성장하지 않았고, 필자마저 탈진 상태였다. 해마다 등록하는 사람들은 40, 50여명이나 되었지만 교회에 정착하는 사람은 10여명에 불과 하였다. 한국교회 성장이 정체됨으로 회심하는 새 신자는 줄어들게 되었고 교회 내적으로는 해마다 수십명의 새 신자가 찾아오지만 새 신자 영접위원이나 조직양육체계가 없었다.

설교 때문에 등록하는 사람이 있었고, 인간관계나 교회와의 거리 때문에 정착하는 사람이 있었으나 그 외에는 다시 교회를 정착하지 못하고 떠나가는 아픔을 늘 반복하고 있었다. 년 초에 전 교인 설문조사를 한 결과 가장 적은 점수가 전도였다. 전도를 통해 교회에 나오는 사람들이 있었지만 교회의 정착으로 이루어지지 못하는 결과를 반복했다. 그러한 현상이 결국 설문조사 결과로 나타났다. 가장 교회의 부족한 것이 전도로 나타난 것이다.

이제 전도와 함께 교회의 예배를 통한 새 신자 정착을 위해 예배와 교리훈련, 교제, 환대, 돌봄, 실천적인 프로그램을 통해 교회 소속감을 고취시켜 새 신자를 정착시키는 것이 최대의 과제이다.

현재 장년 200-300여명의 성도들이 출석하는 교회로, 3명의 장로, 14명의 안수집사, 16명의 권사가 시무하고 있다. 성도들의 대부분은 처음 예수님을 믿고 세례를 필자 교회에서 받고 신앙생활을 하는 사람들이 있으며, 소수의 성도들은 2-3번 교회를 옮긴 경험이 있다.

교회를 처음 경험한 성도들은 매우 건강하게 신앙생활들을 한다. 그러나 여러 번 옮겼던 성도들은 마음의 문을 열고 교회 소속감을 가지고 함께 신앙생활 하는 것은 시간이 필요했다. 여러 군데 교회를 옮겼다는 것은 그만큼 신앙생활의 상처가 있다는 것이다.

개척 당시부터 주님을 고백하는 교회, 주님을 전파하는 교회, 주님을 찬양하는 교회로서 전도와 선교, 그리고 구제에 열심 있는 교회, 사랑의 교제가 있는 교회를 꿈꾸며 조국 통일에 비전을 두고 목회를 하고 있다. 무엇보다도 하나님 앞에 바르게 예배드리는 일에, 하나님의 말씀을 바르게 가르치고, 삶속에 그리스도의 향기를 나타내는 생명력 있는 성도들을 세우는데 관심을 가지고 목회를 하였다.

하나님 앞에 바르게 예배드림으로 복음을 경험하고, 교회 소속감 고취를 통한 교회공동체의 부흥을 위해 사역에 열심을 냈다.

C_
이상적 상황

필자가 시무하는 교회가 추구하는 목적은 예배의 소속감 고취를 통한 새 신자 정착을 위한 개선방안이다. 그러므로 교회의 성장을 위해 지역사회의 잃어버린 영혼들을 구원의 길로 추구하는 목회이다. 사도 바울은 교회를 그리스도의 몸에 비유함으로서(롬 12:5, 고전 12:12~27, 엡 2:9, 골 1:24) 교회는 살아있는 생명으로서의 유기체임을 분명히 하였다. 그리고 교회의 예배를 통해 인간의 마음속에서 하나님의 사랑, 십자가와 부활의 사건인 복음의 경험이 일어나게 되면 사람들은 하나님의 은혜가운데 놀라운 변화가 일어난다. 예배를 통해 치유를 경험하게 되고 교회의 소속감의식이 굳게 뿌리내려질 것이다. 복음의 경험이 일어나도록 하는 예배 공동체가 되는 것이 교회의 가장 이상적인 모습일 것이다.

예배를 통해 새 신자 정착 율을 높이기 위해 새 신자 돌봄 위원회를 결성하고 필자가 시무하는 교회에 새 신자 등록교인 정착 율을 40%에서 80%로 높이고, 또한 지속적인 교육과 훈련으로 새 신자를 정착시키고자 한다.

진정한 부흥이 이루어진 교회의 사역자는 평신도 일꾼들을 많이 세우는 것이다. 모든 성도들을 사역자로 섬길 수 있도록 훈련하고 이끌어가야 한다. 예수님께서도 이 땅에 사시는 동안 사역자로서의 모델이 되었다. 예수님은 "그러므로 너희는 가서 모든 민족을 제자로 삼아 아버지와 아들과 성령의 이름으로 세례를 베풀고 내가 너희에게 분부한 모든 것을 가르쳐 지키게 하라 볼지어다 내가 세상 끝날까지 너희와 항상 함께 있으리라"(마 28:19-20)고 하셨다. 예배를 통해 복음을 경험하고 소속감의식이 굳어진 교회, 그러므로 교회 사역에 평신도가 동참하며 상호 활동적인 교회가 되기 위해서는 평신도 지도자들을 세워가야 한다. 그리고 목회자는 직접 사역하기보다는 평신도 일꾼들을 훈련시켜 사역을 위임하는 사역의 현장을 만들어 간다. 그 교회 모습이 건강하고 새롭게 변화되는 이상적인 모습이다.

D_
장애요소

첫째, 본 교회는 새 신자에 대한 돌봄이 미약한 상태이다. 특히 기존 신자들일 수록 새로운 사람에 대한 관심이 없는 경우가 많았다. 700명이 넘는 등록교인들이 지금 현재 전 교인이 300명 정도라는 것은 많은 성도들이 교회를 정착하지 못하고 떠난 것이다, 새 신자가 어떠한 이유로 교회에 등록하였던지 간에 무조건 교회에 정착된 성도로 본다는 것에 문제가 있었다.

둘째, 본 교회는 새 신자들을 향한 교육이 부족했다. 부교역자들을 통해 이루어지는 교육에 만족하지 못하고, 교회 생활의 기쁨이 어떤 것인지를 경험해보지 못했다. 습관적이고 형식적인 신앙생활에 새 신자들은 무미건조한 마음의 상태가 지속되었다. 새 신자들은 누구이며 그들이 원하는 것은 무엇인지를 발견하지 못했다. 새 신자들의 목소리에 귀를 기울여야 하는데 가르치려고만 한 것이 장애 요소가 되었다.

셋째, 새 신자 영적성장은 공동체 안에서 함께 이루어져야 한다. 예배 공동체 안에서 소속감 고취를 통한 교회 공동체 일원이라는 확고한 믿음이 있어야 한다. 그러나 오늘 우리의 신앙은 개인적이고, 기복적이며, 복음의 경험도 개인적인 경험에만 국한되고 있다. 신앙도 나와 나의 가족중심이다. 그러므로 자신과 가족이 신앙생활에 불편함이 교회 안에서 일어났을 때, 교회를 매우 쉽게 떠난다. 그러므로 기존교인들의 모습을 보고 교회를 정착하지 못하는 장애 요소가 많다. 그러나 개인적인 복음의 경험을 온 회중들이 서로 나누며, 교회 공동체 모두가 하나님나라의 가족이라는 의식이 있다면 새 신자들과 함께 영적 성장이 이루어질 것이다.

E_
도전

예배를 통한 복음의 경험이 일어나게 하고, 하나님의 조건 없는 사랑을 교회 안에서 경험해야 한다. 시편 65편 4절에 의하면 "주께서 택하시고 가까이 오게 하사 주의 뜰에 살게 하신 사람은 복이 있나이다. 우리가 주의 집 곧 주의 성전의 아름다움으로 만족하리이다."고 하였다. 하나님의 말씀을 통해 새 신자가 하나님의 은혜를 경험함으로 교회소속감을 갖게 하여 새 신자를 정착시키는 것이 목적이다. 예배를 통한 복음의 경험, 하나님의 말씀으로 훈련되어진 성도로서 교회 공동체 일원으로서 소속감을 갖고 교회 활동에 적극적으로 동참함으로 교회를 사랑하고 공동체에 참여하게 하는 것이다.

교회는 예수님의 증언 공동체임으로 끊임없이 세상 속으로 나아가서 복음을 전해야하는 예수님의 지상 명령이 있다. 그러므로 전도에 무감각해진 성도들에게 복음전파에 열심을 내도록 하며 잃어버린 영혼들에 대한 하나님의 기다림, 그 하나님의 사랑이 타오르게 해야 한다. 그러므로 한 영혼 한 영혼이 얼마나 소중한지를 새 신자를 대할 때 깨달아야 한다. 교회에 나온 새 신자에 대한 우선적인 배려와 사랑과 이해가 있어야 한다. 그리고 새 신자 교리훈련을 통해 새 신자들에게 하나님의 은혜를 경험하게 한다. 기존 성도들은 새 신자들을 돌봄에 최선을 다해야 한다. 그것이 교회 새 신자 정착에 대한 중심인 사역이다.

미래 교회가 요구하는 바람직한 지도력은 다수의 훈련된 평신도에 의하여 자발적이며 유기적으로 연결되는 공동체적 섬김의 지도력을 필요로 한다. 이러한 인식은 훈련의 대상자들에게만 요구되는 것이 아니라 교회 공동체 전체의 성도들에게 교육되어지고 학습되어야 할 과제다. 미래를 향하여 도전 정신을 갖고 기대하지 않으면 변화할 수 없다.

교회 공동체는 예배를 통해 기존신자와 새 신자의 벽이 허물어져야 한다. 함께 드려지는 예배 속에서 찬양하며, 복음의 경험을 하며, 하나님의 나라의 확장을 위해 하나님의 뜻을 이 땅에서도 이루어지도록 해야 한다는 사명의식이 함께 도전되어지도록 도와주어야 한다. 그리고 기존신자와 새 신자는 예배를 통해 하나님의 임재를 경험하고 하나님의 말씀을 통해 교회공동체 소속된 일원임을 늘 확인하며 함께 하늘나라 가족임을 공감해야 한다. 그리고 새 신자가 한 번 교회에 발을 들이면 소속감을 갖고 정착하도록 도와준다. 시편 84편 10절에 의하면 "주의 궁정에서의 한 날이 다른 곳에서의 천 날보다 나은즉 악인의 장막에 사는 것 보다 내 하나님의 성전 문지기로 있는 것이 좋사오니" 라고 하였다. 새 신자의 교회에 소속감을 갖고자 하는 욕구들은 예배와 교리 교육을 통한 하나님의 말씀으로 충족되고 만족 할 것이다.

Chapter

03

이론적 배경

In Planting
to Grow

이웃과 함께하는
추수 감사절

다음 세대를 향한
말씀과 기도

chapter.3

이론적 배경

A_
교회의 본질과 사명

교회란 무엇인가? 교회는 성도들의 공동체라고 정의 할 수 있다. 종교개혁자 루터는 교회를 믿음을 가진 사람들의 모임, 곧 성도들의 모임으로 정의했다. [16]그렇다면 교회 본질은 무엇인지 성경에서 소개하고 있는 것을 확인하는 것이 중요하다. 고린도전서 12장 12-31절에 의하면 "예수그리스도는 교회의 주인이시며 교회의 머리이실 뿐만 아니라 몸이다"라고 했다. 로마서 12장 5절에 의하면 "이와 같이 우리 많은 사람이 그리스도 예수 안에서 한 몸 이 되어 서로 지체가 되었느니라."라고 말하며 에베소서 1장 23절에 의하면 "교회는 그의 몸이니 만물 안에서 만물을 충만하게 하시는 이

---

16) 김명용,『열린신학 바른 교회론』(서울: 장로회신학대학교출판부, 1997), 13.

의 충만함 이니라"고 묘사한다. 그러므로 교회는 머리되신 그리스도를 떠나서 존재 할 수 없고 그리스도의 몸으로서의 교회는 그리스도의 지체들이 함께 모이는 유기적 공동체이다.

그리스도께서는 그의 성육신 죽음, 부활에 의해 그의 몸 안에서 인류전체에 대한 죄와 죽음의 권세를 깨뜨리셨다. 교회는 그리스도의 죽으신 몸에 동참했기 때문에(고전10:16-18) 그들의 몸은 그리스도의 지체가 되었다. 성경에서 교회란 그리스도 예수 안에서 한 몸이 되어 서로 지체가 된 예수 그리스도를 구주로 신앙 고백을 하는 성도의 공동체이다. 교회란 헬라어로 '에클레시아'(εκκλεσια)라고 하는데 이는 '불러냄을 받은 사람들의 모임'이라는 의미다. 그러므로 교회란 하나님께서 그리스도와 성령을 통하여 세상으로부터 불러낸 사람들이다.

황승룡은 "교회는 예수 그리스도 안에서 하나님의 구원을 발견하고 하나님의 불리움을 받아 나온 사람들의 공동체를 말한다."[17] 교회를 구원받은 사람들의 공동체라고 정의할 때, 교회가 무엇인가를 묻는 질문은 구원받은 사람들의 공동체는 어떠해야 하는가를 묻는 것이다.

교회는 어느 시대를 막론하고 교회다운 모습을 드러내는 것이 당연하다. 그렇다면 지금 한국교회는 어떤 모습인가? 잃어버린 영혼들을 교회로 인도하며 그 영혼들을 교회에 정착하도록 진리의 표명과 사랑의 실천을 하고 있는지 우리는 점검해야 할 것이다. "

---

17) 황승룡,『교회란 무엇인가』(서울: 한국장로교출판사, 2003), 144.

한국교회는 과연 이런 참다운 모습을 보이고 있는가?" 라는 질문에
긍정적일 수 없는 것이 솔직한 고백이다. 그렇다면 어떻게 해야 교
회의 참된 모습을 다시 회복할 수 있을까?

먼저 교회의 사명인 복음전파와 새 신자를 정착할 수 있도록 진
리를 깨닫게 해야 한다. 교회는 머리되신 그리스도를 떠나서 존재
할 수 없고 그리스도의 몸으로서의 교회는 그리스도의 지체들이
교회의 소속감을 함께 갖고 정착하여 복음을 전파하는 사명을 감
당해야 한다. 그러므로 현대교회는 하나님의 말씀으로 돌아가야
산다고 송인호는 말하고 있다.

> "말씀으로 돌아가자!"는 말을 들으면 우리는 "그게 언젯적 소리인데 또 그
> 소리냐! 이젠 그런 진부한 얘기는 관심 없으니 그만 하자!" 라는 반응을
> 보일지 모른다. 그러나 그런 반응이 있을 것도 알고, 진부한 외침이라는
> 것을 앎에도 불구하고 "말씀으로 돌아가자!"는 구호를 또다시 외치지 않
> 을 수 없는 것이 오늘 날 한국교회의 현실이다. 교회에 문제가 많다는 것
> 은 이제 교회 밖에서만 들려오는 소리가 아니라 교회 안에서도 끊이지 않
> 고 들려오는 지적이다. 그리고 공개적으로 교회의 문제들을 지적하고 비
> 판하는 사람들은 현재 한국교회의 상황을 서슴지 않고 타락이라고 말한
> 다. 그들은 한국교회의 타락한 현실의 해법은 강력한 교회개혁운동 혹은
> 교회갱신운동이며, 그런 개혁과 갱신의 중심에서 개혁과 갱신을 주도해
> 야 할 방편은 하나님의 말씀뿐이라고 강조하고 있다. 어떤 사람들은 그
> 것이 원론적인 주장일 뿐이라고 말할지 모르지만, 말씀이 교회개혁과 갱
> 신의 유일한 방편이라는 것을 부정할 사람은 아무도 없을 것이다. 그런
> 면에서 보자면 "말씀으로 돌아가자"는 말을 어찌 진부한 구호라고만 말
> 할 수 있겠는가?[18]

---

18) 송인호, "말씀으로 살아난다," 『목회신학』10월호 (서울: 두란노, 2003), 60.

1. 하나님의 선택에 의해 불러내어진 사람들의 공동체로서의 교회

교회를 하나님의 불리 움을 받아 나온 사람들의 공동체라고 할 때 이 불리 움은 하나님의 말씀에 의한 것이다. 깔뱅은 "일반적 부름으로 하나님께서는 외면적인 복음 선포를 통해서 모든 사람을 평등하게 자신에게로 부르신다."[19]고 말한다. '외면적인 복음 선포를 통해서'는 '외적인 말씀의 설교를 통하여'[20]라고 이해할 수 있다. 하나님께서는 하나님께 드리는 예배를 통하여 말씀 선포, 복음 설교를 함으로 사람들을 불러내신다. 이렇게 불러내어진 사람들의 공동체가 교회다. 하나님께서는 예배를 통하여 선포되어지는 하나님의 말씀을 통해서 교회를 만드신다. 종교개혁 당시 현존하는 교회가 참 교회인가 하는 것이 문제였던 것처럼 오늘날에도 현존하는 교회가 참 교회인가 어떤 교회가 참 교회인가 하는 것이 문제이다. 깔뱅은 "하나님의 말씀이 순수하게 선포되고 들려지는 곳이 어디든지, 그리스도께서 제정하신 대로 성례전이 행해지는 곳이 어디든지 그곳에 하나님의 교회가 존재한다는 것을 의심할 수 없다."[21]고 주장했다. "말씀을 순수하게 선포하고, 성례전을 순수하게 집행한다면 우리는 그러한 두 가지 표지를 가지고 있는 단체를 교회로 인정해도 좋다는 충분한 보장이 된다."[22]고 말한다. 하

---

19) 깔뱅, 『기독교강요』, III. 24. 8.
20) 와타나베 노부오, The Ecclesiology of Calvin, 김산덕 역, 『칼뱅의 교회론』 (서울: 칼뱅 아카데미, 2010), 108.
21) 깔뱅, 『기독교강요』 IV. 1. 9.
22) 위의 책, IV. 1. 12.

나님의 말씀이 예배를 통해서 바르게 선포되는 곳, 하나님의 말씀을 바르게 경청하는 곳, 그리고 성례전이 바르게 행해지는 곳이 참된 교회이다. 예배를 통하여 선포되는 하나님의 말씀은 교회를 교회되게 하는 가장 중요한 요소이다.

하나님께서 성경을 통하여 말씀하시고 그 말씀을 듣는 공동체가 교회다. 칼 바르트가 말하는 교회는 하나님의 말씀이 들려지는 곳이고, 하나님의 말씀을 듣는 공동체이다. 하나님의 말씀을 듣는다고 하는 것은 다만 듣는 것이 아니라 하나님의 말씀을 행하는 것이다. 교회는 성경 안에서 듣는 하나님의 말씀으로써 유지된다. 그렇기에 교회는 예배를 다른 모든 활동에 우선해서 하나님의 말씀을 경청하는 것에 몰두해야 한다. 깔뱅이 하나님의 말씀이 바르게 선포되어지는 것을 강조했다면 칼 바르트는 선포되어지는 하나님의 말씀을 경청하는 것을 더 강조한다. 교회는 하나님의 말씀을 바르게 경청하는 것에 몰두해야 한다는 칼 바르트의 말은 많은 숫자, 활동적인 프로그램에 집착하는 한국교회에 시사하는 바가 크다.

이신건은 칼 바르트의 교회론을 보고 이렇게 정리하고 있다. "칼 바르트는 1926년에 행한 '교회와 문화'라는 제목의 강연에서 교회를 '하나님의 말씀으로부터 살아가는 신앙과 순종의 공동체'로 규정했다."[23] 교회는 예배를 통하여 하나님의 말씀이 바르게 선포되어지고, 선포되어지는 말씀을 듣고, 그 말씀에 순종하는 공동체이다. 참된 교회, 건강한 교회를 위해서 무엇보다 중요한 것은 하

---

23) 이신건, 『칼 바르트의 교회론』 (서울: 한들출판사, 2000), 93.

나님의 말씀이 바르게 선포되어지는 것과 하나님의 말씀을 경청하는 것이다. 예배를 통하여 회중이 하나님의 말씀을 경청하게 하는 것은 교회의 가장 우선적인 과제이다.

2. 예배하는 공동체로서의 교회

교회는 예배하는 공동체이다. 삼위일체 하나님께 예배를 드리기 위해 존재한다. "창조주 하나님, 곧 예수 그리스도를 통한 구속의 주관자이신 하나님을 예배의 대상으로 삼아야 한다."[24] 그러므로 교회가 존재하는 목적은 예배에 있다.

초기예배에는 "하나님 앞에 서서 그분께 경의와 숭배의 표시로 드리는 예배는 크게 두 가지 요소, 즉 인간의 언어(word)와 행위(action)로 구성되어진다"[25]라고 한다. 또한 "예배라는 말의 우리말 뜻은 '신을 신앙하고 숭배하면서 그 대상을 경배하는 행위 및 그 양식'이라고 정의되어 왔다. 이러한 우리말의 뜻은 기독교 예배의 본질적인 의미와 매우 가까운 관계를 가지고 있다고 본다."[26] 그러므로 기독교 예배란 구원받은 백성들이 하나님을 기뻐하며 찬양하며 하나님께 영광을 돌리며 감사드리는 것이다.

예배를 통하여 삼위 하나님만이 높여야 하며, 하나님께 드리는

---

24) J. J. von Allmen, Worship: Its Theology and practice, 134.
25) Willam D. Maxwell, 정장복 역,『예배의 발전과 그 형태』(서울: 쿰란출판사 1998), 13.
26) 정장복,『예배학 개론』(서울: 종로서적, 1997), 7.

예배는 하나님의 의해 완성된다. 그러므로 하나님의 선택에 의해 불러내어진 하나님의 백성은 '나'라는 개인이 아닌 '우리'라는 한 몸의 연합공동체가 되어 구원받은 백성들이 하나님께 예배를 드리는 것이다. 그러므로 교회는 구원받은 백성들이 예배하는 공동체이며, 또한 교회는 구원받은 백성들이 예배를 통해 하나님께 영광을 돌리는 공동체이다.

예배는 하나님 나라 속에서 내가 속한 공동체를 초월하며 교회 공동체의 연합과 하나님의 나라에 대해 소망하기 때문에 시대와 공간을 초월하여 교회와 자신의 시대적 사명을 구한다. 교회는 예배를 통하여 인류를 구원하시려고 이 땅에 오신 예수 그리스도의 몸된 교회의 정체성을 드러낸다. 그러므로 예수 그리스도는 이와 같이 모든 예배의 모임에 온전히 현존하므로 모든 예배집회는 완전한 의미에서 하나님의 교회요, 그리스도의 몸이다. 그러므로 교회는 거룩한 하나님의 백성들이 삼위하나님께 영광을 돌리는 예배하는 공동체이다.

3. 교제의 공동체로서의 교회

구약성서에서는 신약성서가 뜻하는 교제(κοινονια)에 해당하는 개념이 발견되지 않는다. 그것은 이스라엘인들이 신을 지극히 거룩한 분이라고 생각했기에 그 신과 대화하거나 교제한다는 것은 하나님의 거룩 성을 모독한다고 생각했기 때문이다. [27) 그러나 기독교의 교제는 수직적이면서도 수평적인 교제를 의미한다. 수평적 교제는 그리스도 안에서 그리스도와 하나님을 상대로 가지는 수직적인 교제가 전제된다는 측면에서 구약적 회합, 회중의 의미와는 다른 모습을 갖게 된다.

코이노니아를 제공하는 기본적인 내용은 수직적 차원으로 성령의 사귐으로부터 시작되어야 한다. 코이노니아는 연결하여 상합하여 사랑 안에서 스스로 세움으로 성령 안에서 주신 개인적 은사를 이 땅 위에 나타내는 몸인 것이다. [28) 즉, 그리스도 안에서 그리스도의 은사를 나누어 가질 뿐 아니라 우리가 그리스도와 함께 살고, 죽고, 부활하고, 영광을 받으며 그리스도가 또한 그의 것을 우리와 나누어 가진다는 것을 의미한다. [29)

하워드 스나이더(Howard A. Snyder)는 성령의 교제를 다섯 가지로 설명하고 있다. 첫째는 깊은 교통의 경험이며, 초자연적인 상호교제의 체험으로서 성령이 주시는 신자들의 사귐이며, 둘째로 성령의 교제는 그의 제자들과 함께하는 그리스도의 상징이다. 셋째는 초대교회의 영적인 환경과 분위기로서의 사귐이며, 넷째는 하늘에서의 영원한 교제를 맛본다는 지상적 모형으로, 다섯째는 그리스도와 하나님 아버지 사이의 동일성과 사귐, 그리고 상호 교통과 흡사한 형태라고 하였다. [30) 따라서 성도의 교제는 그리스도

---

27) 이종성, 『교회론』(서울: 대학기독교서회, 1987), 69.
28) 하워드 A. 스나이더(Howard A. Snyder), 이강천 역, 『새 포도주는 새 부대에』(서울: 생명의 말씀사, 1990), 103.
29) 이종성, 『교회론』, 67.
30) 하워드 A. 스나이더, 『새 포도주는 새 부대에』, 106-108.

와 함께 그의 안에서 장차 누릴 사랑의 교제를 성령의 능력 속에서
체험하며, 그의 능력으로 부여받은 은사를 함께 연합하여 사랑의
수고로 서로 섬기며 사용하는 것이다.

　바울은 교회를 '그리스도의 몸'으로, 그리스도와 성도들의 관
계를 머리와 몸의 비유로 말한다. "너희는 그리스도의 몸이요 지
체의 각 부분이라"(고전12:27), "교회는 그의 몸이니"(엡1:23), "이
는 성도를 온전하게 하여 봉사의 일을 하게 하여 그리스도의 몸을
세우려 하심이라"(엡4:12), "그는 몸인 교회의 머리시라"(골1:18).
　바울은 교회를 '그리스도의 몸'으로, 그리스도는 교회의 머리
로, 그리고 성도들은 몸의 각 부분을 이루는 지체로 풀이한다. 몸
의 각 지체들이 연합하여 몸을 세우고 자라게 하는 것처럼, 성도
들이 연합하여 '그리스도의 몸'인 교회를 이루고 자라가게 하는 것
으로 말한다.
　교회를 그리스도의 몸으로 이해하는 것은 교회의 공동체성을
말한다. 교회란 성도들의 기쁨과 슬픔, 행복과 불행을 같이 나누
는 삶의 공동체이다. [31] "만일 한 지체가 고통을 받으면 모든 지체
가 함께 고통을 받고 한 지체가 영광을 얻으면 모든 지체가 함께 즐
거워하느니라"(고전12:26). 교회는 구원받은 사람들, 하나님의 부
르심을 받은 사람들의 단순한 모임이 아니고, 구원받은 사람들이
한 몸으로 연합하여 기쁨과 슬픔, 행복과 불행을 같이 나누는 성도

31) 김균진, 『基督敎組織神學제Ⅵ권』(서울: 연세대학교출판부, 1993), 90.

들의 공동체이다.

깔뱅은 사도신조의 '성도가 서로 교통 한다'가 교회가 무엇인가를 잘 표현해 준다고 말하면서 성도들은 하나님께서 주시는 은혜는 무엇이든 서로 나눈다는 원칙하에 그리스도의 공동체에 소집되었다고 이해한다. [32] 바울이 에베소 교회를 향해 "몸이 하나이요 성령이 하나이니 이와 같이 너희가 부르심의 한 소망 안에서 부르심을 입었느니라"(엡4:4)고 말할 때 염두에 두었던 바로 그 공동체이다. 하나님께서 구원받은 성도들을 서로 받은 은혜를 나누는 공동체로 부르셨고, 그 공동체가 교회이다. 이신건은 칼 바르트의 교회론을 보고 이렇게 정리하고 있다.

> 칼 바르트는 교회를 '성도들의 교제'(Communio Sanctorum)라고 말한다. 칼 바르트는 전통에 따라 '성도들의 교제'를 두 가지 의미로 이해했다. 하나는 성도들, 즉 성령에 의해 거룩하게 된 사람들의 친교이고, 다른 하나는 거룩한 것들, 거룩한 관계들, 거룩한 은사들, 거룩한 임무들, 거룩한 직분들, 거룩한 역할들 안의 교제이다. 후자의 의미에서 볼 때 '성도들의 교제'는 성도들이 거룩한 것들에 참여하는 사건이다. 이것은 신앙의 인식과 고백, 감사와 찬양, 회개, 기쁨, 기도 안에서, 그리고 세상과의 관계에서 겪는 고난과 투쟁 안에서, 그리고 봉사, 희망, 예언, 예배 안에서 일어난다. [33]

성도들의 교제는 성도들이 거룩한 것에 함께 참여하는 것이다. 성도들의 교제는 함께 예배드리는 것을 포함한다. 성도들의 교제

32) 깔뱅, 『기독교강요』,IV. 1. 3.
33) 이신건, 『칼 바르트의 교회론』, 204.

는 그리스도 안에서 하나님께서 주신 성령의 은사를 다른 성도들과 나누어 가지는 것이다. [34] 성도들의 교제는 그리스도 안에서 성도들이 서로 자신의 삶을 나누는 것이다. 성도들의 교제가 이루어지는 공동체가 교회이다.

4. 환대하는 공동체로서의 교회

환대라는 말은 초대교회의 가장 기본적인 단어이다. 대접하는 것과 친절하고 베푸는 것은 교회의 기본이며 이것이 없이는 교회가 안 된다. 특히 새 신자를 정착시키기 위해서는 가장 중요한 것은 환대이다. 마태복음 10장 40-42절에 의하면 "너희를 영접하는 자는 나를 영접하는 것이요 나를 영접하는 자는 나를 보내신 이를 영접하는 것이니라 선지자의 이름으로 선지자를 영접하는 자는 선지자의 상을 받을 것이요 의인의 이름으로 의인을 영접하는 자는 의인의 상을 받을 것이요, 또 누구든지 제자의 이름으로 이 작은 자 중 하나에게 냉수 한 그릇이라도 주는 자는 내가 진실로 너희에게 이르노니 그 사람이 결단코 상을 잃지 아니하리라" 라고 말씀하신다. 그러므로 제자 파송 말씀의 마지막 주제는 환대에 관한 것이다.

성경에서 영접하다(dechomai)는 말은 '환대 한다'는 의미로서, 길손을 자기 집으로 맞아들여 음식을 접대하고 잠자리를 제공하는

---

34) 이종성, 『교회론』, 67.

것을 포함하는 행동이다.

마태복음 10장 9-10절에 의하면 "너희 전대에 금이나 은이나 동을 가지지 말고, 여행을 위하여 배낭이나 두 벌 옷이나 신이나 지팡이를 가지지 말라"는 명령에 따라야 했다. 그러기에 제자들은 전적으로 다른 이들의 환대에 의지할 도리밖에 없는 나그네들이다. 그런데 생존의 책임은 제자들에게 있지 않다. 그들을 나그네로 보내시는 분이 주님이시니, 그들을 책임지셔야 할 분은 주님이다. 주님은 나그네인 제자들을 돌보신다. 그 돌보심의 방식이 바로 '환대'이다. 사실상, 환대는 사랑의 구체적인 행동으로서 하나님의 일이라고 성서는 말한다. 하나님의 첫 번째 일이었던 '천지창조'는 모든 인간과 생명을 위한 터전을 만드시는 하나님의 환대 행동이다. 아무것도 가지지 않고 광야로 뛰어든 이스라엘을 하나님께서 환대하셔서 만나를 내리시고 보존하셨다는 것은 분명한 환대의 예이다. 율법에서 가장 강조되는 명령 중 하나는 '(과부, 고아와 더불어) 나그네를 영접하라'는 것이고, 아브라함을 비롯한 믿음의 선조들을 그 일을 잘했던 이들이다. 예수의 비유에서, 사마리아 사람이 강도 만난 사람에게 베푼 행동이 환대이다. 누군가를 환대한다는 것은 그가 하나님의 일을 하고 있다는 뜻이다.

환대는 어떤 한 사람을 영접하는 것이기 전에, 그 사람을 보낸 분을 영접하는 일이다. 제자들로 하여금 각 고을의 사람들에게로 가도록 보내신 이는 예수이다. 그러므로 제자들을 영접하여 맞아들인다면, 그는 예수를 영접하여 맞아들이는 것이다. 요한복음 1

장 12절에 의하면 "영접하는 자 곧 그 이름을 믿는 자들에게는 하나님의 자녀가 되는 권세를 주셨으니" 라고 말씀한다. 예수를 영접하여 맞아들인다는 것, 그것은 성서가 말하는 것처럼 하나님의 자녀가 되는 사건이다. 예수를 영접한다는 것은 예수를 보내신 분인 하나님을 영접하는 것이다. 마태복음 10장 40절에 의하면 "너희를 영접하는 자는 나를 영접하는 것이요 나를 영접하는 자는 나를 보내신 이를 영접하는 것이니라"고 말씀하셨다. 그러므로 주님을 영접하는 그 자체가 구원 사건이다.

환대에는 상이 있다고 성경은 기록하고 있다. 마태복음 10장 41절에 의하면 "선지자의 이름으로 선지자를 영접하는 자는 선지자의 상을 받을 것이요 의인의 이름으로 의인을 영접하는 자는 의인의 상을 받을 것이요" 라고 말씀한다. 그러므로 상이란 받을 자격이 있는 사람에게 주어지는 것으로서, 은혜와는 다르다. 예언자는 주님의 말씀을 전하는 사람이고, 의인은 주님의 뜻대로 행하는 사람이다. 마태복음 5장 12절에 의하면 "기뻐하고 즐거워하라 하늘에서 너희의 상이 큼이라 너희 전에 있던 선지자들도 이같이 박해하였느니라"고 말씀한다. 또한 마태복음 13장 57절에 의하면 "예수를 배척한지라 예수께서 그들에게 말씀하시되 선지자가 자기 고향과 자기 집 외에는 존경을 받지 않음이 없느니라" 고 하신다. 예수님은 거절당하고, 죽임을 당하기도 하지만, 마태복음 13장 43절에 의하면 "그 때에 의인들은 자기 아버지 나라에서 해와같이 빛나리라 귀 있는 자는 들으라."고 말씀하신다. 결국 하나님 나라를 약속받고, 마태복음 25장 46절에 의하면 "그들은 영벌에, 의인들은 영생에 들어가리라 하시니라" 고 말씀한다. 의인은 영원한 생명을 얻는다. 예언자와 의인을 환대하는 사람은 예언자와 의인이 받을 것을 받게 된다. 하지만 가장 좋은 상은 예언자와 의인이 환대하는 이들 가운데 거한다는 것이다. 하나님이 보내신 이들인 예언자와 의인이 우리 가운데 거한다는 것은 하나님이 우리 중에 계시다는 뜻이다. 바로 그것이 복음이다.

보냄을 받은 제자들을 환대하라는 데에서 끝나지 않는다. 환대는 작은 사람에게 냉수 한 그릇을 주는 것으로 이어진다. 결론적으로 마태복음 10장 42절에 의하면 "또 누구든지 제자의 이름으로 이 작은 자 중 하나에게 냉수 한 그릇이라도 주는 자는 내가 진실로 너희에게 이르노니 그 사람이 결단코 상을 잃지 아니하리라 하시니라." 여기서 작은 사람이란 존재감이 없는 사람, 즉 귀히 여김을 못받는 이들이다. 그런 무시 받는 사람을 예수께서 보내신 제자처럼 여기고 환대하는 일, 그것을 위해 교회가 있다. 귀한 분을 환대하는 것은 누구도 할 줄 안다. 그러나 교회는 세상이 하지 않는 환대, 즉 아무도 환대하지 않는 이들을 환대한다. 그것이 바로 교회가 하늘나라의 공동체임을 보여주는 증거이다.

초대교회는 친절과 접대를 통하여 크게 성장하였다. 신약성서 히브리서 13장 1-7절에 의하면 "형제 사랑하기를 계속하고 손님 대접하기를 잊지 말라 이로써 부지중에 천사들을 대접한 이들이 있었느니라.

너희도 함께 갇힌 것 같이 갇힌 자를 생각하고 너희도 몸을 가졌은즉 학대 받는 자를 생각하라 모든 사람은 결혼을 귀히 여기고 침소를 더럽히지 않게 하라 음행하는 자들과 간음하는 자들을 하나님이 심판하시리라 돈을 사랑하지 말고 있는 바를 족한 줄로 알라 그가 친히 말씀하시기를 내가 결코 너희를 버리지 아니하고 너희를 떠나지 아니하리라 하셨느니라. 그러므로 우리가 담대히 말하되 주는 나를 돕는 이시니 내가 무서워하지 아니하겠노라 사람이 내게 어찌하리요 하노라 하나님의 말씀을 너희에게 일러 주고 너희를 인도하던 자들을 생각하며 그들의 행실의 결말을 주의하여 보고 그들의 믿음을 본받으라."고 하였다.

믿음은 서로 나눠 줌으로서 친밀한 관계가 형성된다. 전통적인 교회론 중에서 가장 오래되고 지속적인 교회의 개념 가운데 하나는 인간과 삼위일체 하나님과의 교제, 그리고 하나님 안에서 인간 상호간의 교제이다. [35] 코이노니아(κοινονια)는 친교, 교제, 사귐, 나눔 등의 말로 번역되어있다.

교회는 본질적으로 환대 공동체이다. 예수님은 환대에 대해서 우리의 모범이 되셨다. 예수님은 비유의 말씀에서 잃은 양, 돈, 돌아온 탕자, 큰 잔치, 선한 사마리아 사람이야기를 하였다. 마태복음 11장 28절에 의하면 "수고하고 무거운 짐 진 자들아 다 내게로 오라 내가 너희를 쉬게 하리라"고 했다. 또한 요한복음 14장 2절에

---

35) 김용복, "코이노니아로서의 교회: 한국 기독교적 시각," 한국기독학회 편, 『교회와 코이노니아』(서울: 대한기독교서회, 1993), 19.

의하면 "내 아버지의 집에는 거할 곳이 많도다 그렇지 않으면 너희에게 일렀으리라 내가 너희를 위하여 거처를 예비하러 가노니" 라고 말씀 했다. 그리고 마태복음 10장 40절에 의하면 "너희를 영접하는 자는 나를 영접하는 것이요 나를 영접하는 자는 나를 보내신 이를 영접하는 것이니라" 고 한다.

　복음서에서는 낯선 사람들(나그네)이 우리에게 오는 것은 우리를 도전케 하고, 우리를 축복하기 위해 보내신 하나님의 특별한 사절이라고 가르친다. 나그네를 환대하고 가난한 자들을 돌보는 것이 곧 주님을 향한 우리의 사랑을 표현하는 것이라고 했다. 그러므로 마태복음 25장 36-40절에 의하면 "헐벗었을 때에 옷을 입혔고 병들었을 때에 돌보았고 옥에 갇혔을 때에 와서 보았느니라. 이에 의인들이 대답하여 이르되 주여 우리가 어느 때에 주께서 주리신 것을 보고 음식을 대접하였으며 목마르신 것을 보고 마시게 하였나이까. 어느 때에 나그네 되신 것을 보고 영접하였으며 헐벗으신 것을 보고 옷 입혔나이까. 어느 때에 병드신 것이나 옥에 갇히신 것을 보고 가서 뵈었나이까. 하리니 임금이 대답하여 이르시되 내가 진실로 너희에게 이르노니 너희가 여기 내 형제 중에 지극히 작은 자 하나에게 한 것이 곧 내게 한 것이니라"라고 말씀한다. 그러므로 그리스도인들에게는 내가 사랑하고 환대할 낯선 사람들이 필요하다. 그것이 곧 주님을 환대하는 것이기 때문이다. 그런 의미에서 교회는 환대하는 공동체이며, 친절하게 대접하는 공동체라고 할 수 있다.

5. 돌봄의 공동체로서의 교회

교회는 성도들의 사랑의 수고로 인해 돌봄의 공동체로서 존재해야 한다. 성경에서 나타나는 돌봄이란 예수님의 사랑으로 마음의 상처를 받고 고통스러워하는 사람들에게 사랑의 돌봄을 통해서 온전한 그리스도인으로 회복시키는 사역이다. 하나님의 사랑을 통해서 그들이 가진 문제를 잘 극복 되도록 총체적으로 돕는 것을 돌봄이라고 할 수 있다. 돌봄은 '보호', '간호', '인도' 라는 뜻이다. 이 말은 걱정, 불안, 슬픔, 괴로움을 가진 성도들을 돕는 것을 의미한다. 이러한 돌봄을 위해서 교회는 시대적인 과제를 안고 원하든, 원치 않던 돌봄의 공동체로서의 교회로 서 있어야 한다.

신약성서에서는 그리스도의 돌보심을 볼 수 있다. 예수께서 큰 무리를 보시고 그 목자 없는 양 같음을 인하여 불쌍히 여기셔서 여러 가지로 그들을 가르치셨다. 마가복음 6장 34절에 의하면 "예수께서 나오사 큰 무리를 보시고 그 목자 없는 양 같음으로 인하여 불쌍히 여기사 이에 여러 가지로 가르치시더라."고 했다. 그리고 요한복음 10장 11절에 의하면 "나는 선한 목자라 선한 목자는 양들을 위하여 목숨을 버리거니와" 라고 한다.

예수님은 선한 목자로서 양들을 위해 자신의 목숨을 버린다고 하셨다. 또한 누가복음 15장 6절에 의하면 "집에 와서 그 벗과 이웃을 불러 모으고 말하되 나와 함께 즐기자 나의 잃은 양을 찾아내었노라 하리라"고 한다. 주님의 잃은 양을 찾았으니 "나와 함께 즐기자" 라고 하셨다.

이런 말씀들을 볼 때 예수는 인류의 목자요 모든 영혼의 목자임을 알 수 있다. 그러므로 베드로 전서 2장 25절에 의하면 "너희가 전에는 양과 같이 길을 잃었더니 이제는 너희 영혼의 목자와 감독되신 이에게 돌아왔느니라." 고 말씀한다.

예수님은 이 세상에서 직접 양들을 상대로 목회하셨다. 누가복음 15장의 여러 가지 비유에서도 나타나듯이 예수님은 돌봄의 목회 상을 보여 주셨다. 그러므로 돌봄은 타인의 전 존재를 소중히 여기며 그 사람을 위하여 기꺼이 사랑의 수고를 행동으로 하고자 하는 근본적인 섬김이다. 그러므로 돌봄이란 상처를 입고 도움을 요청하거나 전인적인 회복을 추구하려는 사람들에게 주는 사랑의 섬김의 응답이며 헌신된 봉사라고 할 수 있다.

예수님의 돌보심이 돌봄의 모범이다. 목회가 예수님의 사랑으로 충만할 때 돌봄의 공동체의 교회로서 새 신자 정착이 가능할 것이다.

B_
역사적 관점에서 본 예배

예배의 역사는 인류의 역사와 함께 시작되었으며 지속되어 오고 있다. 그리고 하나님을 섬기는 사람들이 이 땅 위에 존재하는 한 예배는 결코 사라질 수 없는 사건으로써 인류와 함께 하게 된다."[36] 김충환은 기독교 예배에 대해 칼 바르트의 말을 인용함으로 이렇게 정의한다. "칼 바르트는 기독교 예배는 인간이 할 수 있는 것 중에서 가장 중대하고 가장 긴급하며 가장 영광스러운 행동이라고 말한다."[37] 기독교 신앙에 있어서 가장 중요한 것은 예배이다. 예배를 통해 새 신자의 믿음이 자란다. 그러므로 예배는 하나님 나라 속에서 내가 속한 공동체에 소속감을 고취시키며 교회 공동체의 일원으로 성도의 연합과 하나님의 나라에 대해 소망을 갖게 한다. 그러므로 새 신자에게 예배란 구속사의 집약임으로 새 신자들은 예배를 통해 교회를 참 교회답게 교회의 주인 되시는 예수님을 만나게 하는 것이다. 그러므로 "교회로 하여금 자기의식을 갖게 하고 교회의 본질이 무엇인가를 고백할 수 있게 함으로써 교회의 모습을 보게 한다."[38] 교회를 참 교회답게 하는 것이 예배이기에 새 신자들에게 예배가 무엇인지를 이해하는 것은 교회가 무엇인지를 말하는 것이고, 기독교 신앙이 무엇인지를 말하는 것이다. 그러기에 새 신자들은 예배를 통해 복음을 접해야 한다.

온누리 교회는 새 신자를 위한 열린 예배의 특징이 있다. 비교적 자유로운 분위기와 설교 전에 유명 연예인 및 인사들이 직접 나와 간증을 하면서 새 신자들이 복음을 접할 수 있는 기회를 열린 예배를 통해 마련한다.

---

36) 정장복, 『예배의 신학』(서울: 한국장로교출판사, 1999), 77.
37) 김충환, "교회와 예배," 호남신학대학교 편, 『교회란 무엇인가』(서울: 한국장로교출판사, 2003), 9.
38) J. J. von Allmen, Worship it's Theology and Practice, 정용섭 역, 『예배학원론』(서울: 대한기독교출판사, 1979), 35.

1. 예배의 성서적 근거

a. 구약시대의 예배

하나님께서 아브라함을 부르실 때 "땅의 모든 족속이 너로 말미암아 복을 얻을 것이라 하신지라." "땅의 모든 족속이 너와 네 자손을 인하여 복을 얻을 것이니라."(창12:3,28:14)고 말씀하셨다. 그러므로 하나님께서는 세상을 창조하시고 하나님의 선한 계획 속에서 모든 이방인들 까지도 하나님의 새 신자로 구원하기를 계획하신 것이다. 실제로 할례나 유월절 잔치는 유대인에게만이 아니라 이방인에게도 문이 열려있었다.

솔로몬이 성전을 건축한 후에 봉헌기도를 드렸다. 그 기도의 내용을 보면 예루살렘 성전은 유대인뿐만 아니라 이방인들을 위한 성전인 것이 나타난다.(왕상8:41-43). 시편기자도 많은 나라들 가운데 하나님께서 예배 받으실 것을 이야기 했으며 (시96:3,10) 우거하는 객인 가나안 족속 이방인과 함께 즐거워하면서 하나님께 예배하라(신26:10-11)고 말씀하셨다.[39] 구약시대의 예배를 보면 하나님께서 절대 주권 속에서 자신의 이름과 영광과 속성, 그리고 자신이 행하시는 일들을 보여주심으로 우리 속에서 예배할 마음이 일어나게 한다. 그러므로 새 신자들은 예배를 통해 선포되는 하나님의 진리의 말씀을 깨닫게 되고 전능하신 하나님을 찬양할 수 밖에 없게 된다.

b. 회당예배

예루살렘성전을 중심으로 한 구약의 예배는 이스라엘 멸망 후 바벨

---

39) 김만형, "구도자 예배란 무엇인가," 『목회와 신학』 통권94호 (1997. 4), 42.

론 포로로 잡혀간 후로 불가능하게 되었다.[40] 그러나 포로 민들에게는
회당에서 드리는 예배가 허용되었다. 회당은 이스라엘백성이 포로시대
때 유수된 곳에서 백성들을 교육하고 서로간의 교제를 이끌고 또한 하
나님을 예배하기 위해 특별히 고안한 모임 장소이다.

본국으로의 귀한과 성전재건 이후에도, 다시 그 성전이 무너진 뒤
에도 회당은 여전히 존속하면서 효과적인 처소로서의 기능을 입증하
였는데 그 용도는 유대인의 두 가지 큰 이념인 예배(Worship)와 교육
(Education)을 위한 것이었다.[41] 특히 "회당예배와 교육은 참석자 모두
가 구경꾼이 아닌 예배의 참여자로서"[42]신앙적 친밀감을 부가시킬 수
있었다. 그러므로 회당예배는 새 신자에게 하나님을 만나고 하나님을
사랑할 수 있는 장소가 된다. 또한 회당에서 예배를 통해 하나님의 말씀
을 듣고 하나님의 백성이 됨을 확인할 수 있다.

유대교의 회당 예배의 중요했던 '쉐마 이스라엘'(שמע ישראל)은 하
나님을 찬양하는 문구를 담고 있는데 구체적으로 (신6:4-5) "이스라엘
아 들어라 우리 하나님은 오직 유일한 여호와시니 너는 마음을 다하고
뜻을 다하고 힘을 다하여 네 하나님 여호와를 사랑하라."는 말씀은 회당
예배를 통해 새 신자에게 예배의 대상인 오직 유일하신 여호와를 찬양
하며 진정한 예배자로서의 자리로 안내한다.

40) 김소영, 『예배와 생활』 (서울: 기독교서회, 1982), 14-15.
41) 조기연, 『복음주의 예배학』 (서울: 요단, 2005), 52.
42) 황성철, 『예배학』 (서울: 대한예수교장로회총회, 1998), 44.

c. 신약시대의 예배

신약적 새 신자 예배의 기초는 우선 구약적 기초를 그대로 넘겨받는 것으로 나타났다. 즉 창조하시고 다스리시며 자기 백성에게 구원과 은혜를 베푸시는 하나님께 예배하는 것이다. 히브리서 11장 6절에 의하면 "믿음이 없이는 하나님을 기쁘시게 하지 못하나니 하나님께 나아가는 자는 반드시 그가 계신 것과 또한 그가 자기를 찾는 자들에게 상주시는 이심을 믿어야 할지니라" 고 한다. 여기서 구약적 문맥으로 볼 때 "하나님의 살아 계심"과 "하나님을 찾는 사람들에게 보답하시는 분이심"을 확실한 예배의 기초로, 그리고 이러한 하나님을 믿는 것을 예배자의 자격으로 제시하고 있다.

신약시대에 좀 더 확실하게 덧붙여지는 부분이 있다. 하나님의 구원의 사역이 나사렛 예수를 통해서 이 땅에 이루어졌다는 사실이다. 그러므로 이제 새 신자들에게도 예배를 통해 사람들을 죄와 심판, 저주로부터 구원하셨다는 하나님의 종말론적 구속사역에 근거하여 하나님께 나아가게 한다. 이것을 믿음으로 예수님을 믿겠다는 고백과 함께 새 신자들이 예배자의 새로운 자격을 갖게 된 것이다.

마태복음 18장 19-20절에 의하면 "진실로 다시 너희에게 이르노니 너희 중의 두 사람이 땅에서 합심하여 무엇이든지 구하면 하늘에 계신 내 아버지께서 그들을 위하여 이루게 하시리라 두세 사람이 내 이름으로 모인 곳에는 나도 그들 중에 있느니라"고 말씀 한다. 여기서 신약적 의미의 집단적 예배에 확실한 기초를 제공하는 예수님의 말씀을 확인 할 수 있다. 두 세 사람이 모이는 곳 그곳에 하나님도, 또 승천하신 주님도 함께 계신다. 따라서 예수님이 지상에 계실 때나 별 다름 없이 새 신자도 주님께 예배할 수 있다. 다만 육체로 계신 것이 아니기 때문에 그 때와는 다른 방법으로 새 신자도 성령의 임재 속에 하나님께서 함께 하심을 예배를 통해 경험할 수 있다. 예배의 기초는 새 신자에게 놀라운 하나님의 임재를 체험하며 복음을 경험할 수 있는 새 신자 예배로서 적용할 수 있다. 사도행전과 서신서들은 다시 오실 주님이 이 세상에 이미 성령으로 임재하고 계심을 경험한 초대 교회의 삶을 통하여 이것이 단순히 약속만이 아님을 증명하고 있다. 그러므로 새 신자는 예배를 통해 복음을 경험하고 하나님의 나라의 백성으로서 천국의 소망을 바라볼 수 있다.

신약 시대의 예수님의 사역을 볼 때 예수님께서는 공생애를 갈릴리에서 시작한다. 예수님께서 처음으로 선포하신 마가복음 1장 15절에 의하면 "때가 찼고 하나님나라가 가까웠으니 회개하고 복음을 믿으라."고 한다. 예수님의 그 말씀 속에서 발견할 수 있는 것은 새 신자는 회개하고 복음을 믿어 구원을 받아야할 존재들이다. 이것이 새 신자사역의 목적이라 할 수 있다.

2. 예배의 교회사적 근거

a. 초대교회의 예배

초대교회의 예배는 그리스도 사건에 의해 결정되었다. 그 결과 죽음을 이기신 그리스도의 죽음과 부활이 예배의 중심이 되었다. 그러므로 "초대교회는 예배의 내용이나 형태에 대한 관심보다는 자연히 그리스도를 증거 하는 일에 집중적인 노력과 정력을 기울이는 방향으로 나아가게 되었다."[43] 또한 초대교회는 주님으로부터 직접 복음이 전파되고 사도들에 의해 전해지게 되었다. 사도행전에서의 베드로의 설교는 3000명이 넘는 새 신자들의 회개의 역사가 일어났다. 초대교회 예배는 "유대교의 예배일인 안식일 토요일은 그리스도 자신이 율법을 완성하였으므로 폐기되었고 이레의 첫날인 예수께서 부활하신 주일(Sunday)이 그리스도의 예배일로 변경되었다."[44] 예수께서 부활하신 주일에 대해서 신약성서는 정확하게 기록하고 있다. 사도행전 20장 7절[45]과 고린도전서 16장 2절[46]이다. 그리고 가장 대표적인 새 신자의 모델은 사도행전 9장에 나타난다. 사도행전 9장 26-31절에 의하면 "사울이 예루살렘에 가서 제자들을 사귀고자 하나 다 두려워하여 그가 제자 됨을 믿지 아니하니 바나바가 데리고 사도들에게 가서 그가 길에서 어떻게 주를 보았는지와 주께서 그에게 말씀하신 일과 다메섹에서 그가 어떻게 예수의 이름으로 담대히 말하였는지를 전하니라 사울이 제자들과 함께 있어 예루살렘에 출입하며 또 주 예수의 이름으로 담대히 말하고 헬라파 유대인들과 함께 말하며 변론하니 그 사람들이 죽이려고 힘쓰거늘 형제들이 알고 가이사랴로 데리고 내려가서 다소로 보내니라 그리하여 온 유대와 갈릴리와 사마리아 교회가 평안하여 든든히 서 가고 주를 경외함과 성령의 위로로 진행하여 수가 더 많아지니라"고 한다. 여기서 회심한 사울이 예

---

43) 정장복, 『예배학 개론』, 43.
44) Robert E. Webber. Protestant Worship, 김지찬 역, 『예배학』 (서울: 생명의 말씀사, 1988), 55.
45) 행 20:7 '그 주간의 첫날에 우리가 떡을 떼려 하여 모였더니 바울이 이튿날 떠나고자 하여 그들에게 강론 할 새 말을 밤중까지 계속하매'
46) 고전 16:2 '매주 첫날에 너희 각 사람이 수입에 따라 모아 두어서 내가 갈 때에 연보를 하지 않게 하라'

루살렘교회의 제자들과 만나서 연합해가는 과정이 나온다. 이때 새 신자인 사울과 교회공동체의 사이의 중보자로서 바나바가 등장하고 있다. 예루살렘교회의 평신도인 바나바는 우선 새 신자인 사울에게 관심을 가지고 보았으며 먼저 찾아가 만났다. 예루살렘의 어느 누구도 사울의 개종을 예상 할 수 없었기에 사울이 교회를 박해하고 사람들을 감옥으로 끌어간 바로 그 예루살렘교회가 쉽게 그를 용납하려 하지 않았다. 그러나 사도행전 11장에서도 바나바는 새 신자인 사울을 찾아가 영적인 교제를 하며 주의 일을 함께 할 것을 권유하고 선교사역을 감당하게 된다. 그 결과 초대교회 공동체는 평안하여 든든히 서가고 교회의 놀라운 부흥의 역사를 이루게 되었다. 새 신자를 돌보아 교회 공동체와 만나게 하며 교육하여 그리스도의 지체로 일하게 하는 바나바의 돌봄은 오늘 날 새 신자사역의 구체적인 모델이라고 할 수 있다.

b. 중세교회의 예배

기독교의 역사가 새로운 전환점을 가져 온 것은 로마의 콘스탄틴 대제가 313년 기독교를 공인한 일이었다. 이 놀라운 사건은 지금껏 개인 가정이나 동굴들(catacombs)을 찾아 이십 명 또는 삼십 명씩 분산되어 소집단으로 모이던 크리스찬 무리들을 한 곳에 집결시키는 결과를 가져왔다.[47] 중세교회예배는 엄격한 절차와 형식에 따라 드려지는 예배였다. 중세교회에서는 무엇보다 과거의 사건을 기억하고 그것을 재현함으로서 현재의 사건으로 이해하고 삶속에서 실현시켜나가는 '아남네시

---

47) 정장복, 『예배학 개론』, 43-44.

스'(anamnesis)라는 예전적인 과정이 중요했다.[48] 예배의 언어로는 라틴어가 사용되었다. 그러나 라틴어로 드려지는 예배 안에서 회중은 아무런 의미가 없는 존재가 되어버렸다. 알아듣지 못하는 언어로 진행되었을 뿐 아니라 찬송의 뜻도 알지 못했다. 회중은 찬송도 같이 부르지 못하고 시종 침묵할 뿐이었다. 성찬의 떡과 잔은 매번 그리스도의 몸과 피를 제물로 드리는 것으로 간주하였다. 그리고 성찬성례전은 온 회중의 기쁨과 감사함으로 참여하는 예식이 되지 못하였다.

사제들은 기도에서 구원의 은총에 감사를 드리기보다는 미사의 제물을 받아달라고 거듭 호소하였기 때문에 회중들은 감히 떡과 잔을 함부로 받을 수 없는 것이라는 두려움을 갖게 되었다. 결과적으로 성찬성례전은 사제들만이 행하는 의식이 되고 말았다.

신도들은 사제가 떡을 들어 희생의 제물로 드리는 것을 미신에 찬 눈으로 그냥보거나 혹은 혼자 기도함으로써 참여하는 것을 대신하였다. 그러다가 겨우 일 년에 한 번 그 나마도 떡만을 맛봄으로써 성찬에 참여하였다.[49] 그러므로 새 신자에게는 중세교회의 예배는 암흑기라 할 수 있다. "이처럼 교회의 본래의 모습을 예배 가운데서 상실하고 만 중세교회는 결국 면죄부의 판매와 같은 계속되는 모순을 범하여 위태한 지경에 빠져갔다. 이 모순들이 그 시대의 역사를 암흑기로 몰고 가게 되자 드디어 광명의 새 아침을 추구하는 참신한 개혁의 일군들이 속출하게 되었다.[50]

---

48) 박은규, 『예배의 재발견』(서울: 대학기독교출판사, 1988), 76.
49) 김영재, 『교회와 예배』(수원: 합동신학대학원출판부, 1997), 88.
50) 정장복, 『예배학 개론』, 45.

c. 종교개혁의 예배

종교개혁자들은 로마가톨릭의 예배형태를 바꾸고 보다 성경중심의 예배로 되돌렸다. 종교개혁의 예배는 우선 예배의 중심을 성찬식에서 말씀선포로 되돌렸다. 특별히 제사장원칙에 입각하여 하나님의 은총과 섭리에 따라서 회중 중심의 예배로 발전했다. 예배와 교회의 운영을 위한 조직을 간소화하고 직분상의 서열을 없애고 감독제도, 장로제도, 평신도사역자 제도를 발전시켰다. 공중기도서를 없애고 누구나 자연스럽게 하나님께 기도하도록 했으며 중보기도 역시 하나님 앞에서 할 수 있도록 했다. 말씀을 읽고 묵상할 수 있도록 한 것도 종교개혁의 결과이다. 이처럼 개혁교회의 예배는 말씀, 기도, 찬송, 죄의 고백 등의 형태로 이루어졌으며 중세 신앙의 중심이던 제도를 폐지하고 성만찬과 세례만을 성례로 인정한 것도 중요한 특징이다. 현대의 예배에서 현재 우리가 드리는 예배는 그 내용에 있어서는 종교개혁자들의 예배와 크게 다르지 않다. 예배는 하나님께 경배와 찬양을 드리며 선포하는 그분의 말씀을 경청한다. 현대의 예배에서는 몇 가지 특징적인 내용을 볼 수 있다. 우선 회중주의가 발전함에 따라서 직분상의 구분 없이 자유롭게 누구나 다 예배를 인도할 수 있게 되었다. 그러므로 종교개혁의 예배를 통해 새 신자 예배의 중요성을 발견할 수 있다.

종교개혁자들의 예배 신학은 다음과 같다. 중세의 암흑기를 거치며 잃어버렸던 예배의 본질을 회복하자 회중의 적극적이고 능동적 예배참여에 관심을 가졌다. 인문주의의 영향을 받은 종교개혁자들은 올바른 예배는 '이해'를 통해서만 가능하다고 보았다. 그들은 이성적으로 이해되고 수용되지 않는 것은 진리로 받아들이고자 하지 않았다. 다시 말해 예배는 신앙에 의해 이성적으로 이해되어야만 했다. 예배에 관한 개혁자들의 공통된 관심사와 주장들은 다음과 같다. 첫째 개혁자들은 중세의 예배관이 예배를 그리스도의 희생제사의 반복으로 보고 있기 때문에 미사를 거부하였다. 둘째 개혁자들은 성찬에 대한 화체설을 거부하였다. 셋째 개혁자들은 말씀이 예배 안에서 본래 차지하고 있었던 본래적 위치를 회복시킬 것을 주장하였다. 마지막으로 개혁자들은 예배가 자기나라 말인 모국어로 드려져야 하며 자국어로 쓰여 진 성경과 말씀과 성례전의 이중구조가 보존되어야 한다고 주장하였다.[51]

종교개혁자들은 회중 중심의 예배를 드리므로 현대 교회에 새 신자 예배에 많은 영향을 주었다. 회중 중심의 예배는 현대교회에 새 신자를 정착시키는데 많은 기여를 했다. 새 신자들에게 교회에 정착 할 수 있는 영향을 끼친 것은 종교개혁자들과 신학자들의 주장이 큰 역할을 했다. 칼뱅(J Calvin)은 "교회 밖에는 구원이 없다"(estra ecclesiam nulla salus)라고 하며 교회의 절대 구원론을 주장했으며, 큉(H. Kung)은 "교회는 온 에클레시아이며 온 하나님 백성이요 신앙 공동체이다. 이런 의미에서 모두가 교회 안에서는 동등하며, 교회는 개개인이 아니라 하나님의 부름을 믿는 백성이므로 교회를 개인화해서는 안 된다"고 하였다. 교회란 머리되신 그리스도를 떠나서는 존재할 수 없으며 그의 지체들이 함께 모이는 유기적 공동체이다. 또한 새 신자들에게 교회 안에서 교제(Koinonia)는 교인들 상호간을 따뜻하게 묶어주고, 교회 전체를 사랑의 공동체, 교제의 공동체로 만들어 준다. 루터(Luther)는 "교회는 또한 성령이 모으시고 보존하시고 다스리시며 성례전과 하나님의 말씀을 통하여 날마다 불어나게 하시는 경건하며 진실한 화합인 것이다."라고 하며

---

51) 황원찬, 『개혁주의 예배학 총론』(서울: 잠언, 1996), 80.

성도의 교제를 교회와 동격으로 보았다. 새 신자가 교회 안에서 '코이노니아'를 경험하게끔 해야 하며 이러한 성도들 간의 사랑과 교제의 공동체가 교회의 본질이다. 그러므로 종교개혁시기에 새 신자 예배는 하나님의 말씀과 교제로 인하여 교회 안에서 하나님의 백성임을 확인하게 되고 소속감을 고취시키는데 매우 큰 영향을 끼쳤다.

1) 루터의 교육과 예배

마르틴 루터가 1517년 10월 31일에 종교개혁의 깃발을 올린 것을 기념하는 종교개혁은 올해로 벌써 497년이나 되었다. 찬송가를 서민중심으로 개작한 것은 루터의 덕분이다. 새 신자에게 루터가 개작한 찬송가들은 교회의 문턱을 낮게 했다. 루터는 누구나 쉽게 부를 수 있는 대중적인 찬송가를 예배를 통해 부를 수 있게 함으로 새 신자들에게 예배에 대한 관심을 불러 일으켰다. 루터는 많은 찬송가를 작사 작곡했다. 루터는 기독교찬양의 발전에 많은 공헌을 남겼다. 또한 루터는 새 신자들에게 교리 교육과 예배에 대하여 이렇게 말하고 있다.

1520년에 루터가 펴낸 십계명과 사도신경과 주기도에 간단한 해설은 루터가 행한 설교를 모아 한권의 책으로 출판한 것인데 개신교 최초의 교리 문답서로 꼽히고 있다. 새 신자의 교육의 중요성을 인식한 루터는 교리 교육에 대한 지침서를 개정하는 한 편 교리 교사를 고용하여 젊은이들의 교육을 전담하도록 하였다. 또 보다 효과적인 가르침을 위해 단순히 교리를 암기하도록 하는데 그치지 않고 루터는 교사들이 질문과 대답 형식을 사용해서 아이들과 평신도들이 각 요점이 의미하는 바가 무엇이며 그들이 어떻게 이해하고 있는지 대답하도록 요구했다. 루터의 예배에서 가장 주목해야 할 것은 만인제사장에 대한 것이다. 루터는 성도가 세례를 거치면서 제사장의 직분으로 입회하는 것이라고 이야기했다. 이는 교회공동체에 대한 그리스도인의 사역을 열어줄 뿐 아니라 예배에 있어서도 그리스도인의 참여가 수동적이 아니라 능동적인 역할을 감당하게 하는 것이기에 그 역할이 대단한 것이었다고 말 할 수 있다. 이제 더 이상 그리스도인들은 구경꾼이 아니라 참여자가 되었다. 그 동안 떡과 포도주를 떼는 것은 일 년에 몇 차례만 드리는 의식적인 행사가 되었는데 루터의 만인 제사장 설은 모든 신자로 하여금 기꺼이 모든 예배에서 떡과 포도주를 뗄 수 있도록 도왔기 때문이다. 평신도가 목회자의 자리에까지 올라와 함께 떡을 떼고 잔을 나누게 됨으로 예배는 새로운 국면을 맞이할 수 있게 되었다. [52]

2) 쯔빙글리의 교육과 예배

쯔빙글리는 새 신자의 교육 중에 유아세례를 받은 사람들에게 교육의 핵심인 사도신경과 주기도의 내용과 십계명과 성례전에 대해 이렇게 말하고 있다. 쯔빙글리는 유아세례를 받은 사람들에 관해서 말하기를 그들이 장성하여 사리 분별이 생기게 되었을 때 구원에 관하여 가르침을 받은 다음 그들이 믿고 있는 신앙을 인증하는 일을 하라고 하였다. 이때 가르침의 핵심을 사도신경과 주기도의 내용과 십계명과 성례전에 대한 것이었다. [53]

종교개혁으로 인한 예배의 강력한 반응은 보인 사람은 쯔빙글리이다. 쯔빙글리가 행한 급진적 예배 변혁의 시도는 종교개혁의

---

52) Robert E. Webber, Worship Old and New, 정장복 역, 『예배의 역사와 신학』 (서울: 대한예수교장로회출판국, 1988), 88-90.
53) 이호영, "새 신자교육의 뿌리 찾기." 『교육목회』 (2000, 봄호), 25.

파문을 확산시키는데 일익을 담당했던 것이 사실이다. 그는 예배 가운데서 그리스도의 희생의 재현이나 성상의 사용 등을 극구 반대하는 입장에 서 있었다. [54] 그러므로 중세교회예배의 엄격한 절차와 형식을 거부하고 새 신자들이 예배의 참여하는 문을 활짝 열어 주었다.

쯔빙글리는 예배가 하나님만을 경외하는 예배가 되게 하기 위해 예배의 많은 요소를 단순화시켰다. 중세가 가지고 있었던 예배의 복잡하고 많은 요소는 하나님에게 나아가는데 방해가 되었기 때문이다. 그래서 그는 자신이 음악의 재능이 있는 음악가 임에도 불구하고 교회에서 음악을 배제시켰다. 이런 그의 입장은 강경함으로 교회에서 파이프오르간을 파괴 할 정도였다. [55]

더 나아가 그는 신자들이 모두 주일예배에 참여 할 수 있도록 돕기 위해 1525년에는 주일 예배를 완전히 자국어로 드렸고 사람들에게는 아베마리아와 주기도문에 동참하라고까지 요구하기도 했다. 쯔빙글리의 이러한 개혁은 말씀과 성례의 단순한 2중 구조로 단순하게 드리는 예배로의 전향은 새 신자들에게 예배를 통한 복음을 경험할 수 있는 기회를 열어 주었다고 할 수 있다. 그러나 쯔빙글리 예전은 말씀의 예전을 유달리 강조한 결과 성찬 성례전을 약화시킨 비예전전(informal liturgy)이며 급진적인 예배 형태를 주장했다. [56] 그러므로 새 신자들에게 복음을 경험하기에 복음의

---

54) 정장복, 『예배의 신학』, 93.
55) James F. White, Protestant Worship, 김지찬 역, 『개신교 예배』 (서울: 기독교문서선교회, 1997), 95.
56) 정장복 외, 『예배학 사전』 (서울: 예배와 설교 아카데미, 2000), 726.

반쪽 균형을 잃을 수 있는 문제도 남겼다.

3) 칼뱅의 교육과 예배

칼뱅의 기독교 강요에 나타난 신학은 "서구 문명의 원천이기도 하
다."[57] 칼뱅은 "교회 밖에는 구원이 없다"(estra ecclesiam nulla
salus)라고 하며 교회의 절대 구원론을 주장했다. 그러므로 교회
안에서 교리교육은 새 신자가 예수 그리스도를 영접하기에 절대
적 가치가 있음을 강조했다. 그러므로 "칼뱅은 쯔빙글리처럼 교
리교육과 세례를 연결시켰는데 제네바의 종교개혁을 위해 그가
제일 먼저 추진한 것이 바로 교리교육의 수립이었다. 1530년대
의 개혁운동을 통해 공감대를 형성한 방식을 따라 그는 아이들은
집에서는 부모에게서, 교회에서는 교리 교사로 부터 그리고 학교
에서도 교리교육을 받도록 했다.

신자에게 기독교 교리교육은 필수이다. 교리를 통해 복음의 진리
를 깨닫게 되고 하나님의 백성 됨이 확고하게 인식될 것이다. "칼
뱅의 주요관심은 죄인들에게 복음을 적용하여 그들을 구원하는
일이 실제로 일어나도록 해 주는 신학을 세우자는 것이었다."[58]
새 신자는 교리를 통해 하나님 앞에 죄인임을 깨닫고 회개하게 되
며, 그로인해 하나님의 자녀가 되는 길을 발견하게 되는 것이다.

그러므로 개혁자 칼뱅의 새 신자 교육의 핵심은 회개하고 하나님

---

57) 박종기,『새 신자를 정착시켜라』(서울: 영문, 2009), 38.
58) 박해경, 『칼뱅의 신론』 (서울: 이컴비즈넷, 2005), 10.

의 자녀가 된 새 신자들이 세상의 욕망속에서 살던 삶을 포기하고 개혁교회의 신앙의 정수와 같은 두 가지, 하나는 "오직 하나님께 영광을" (soli Deo gloria) 이고, 다른 하나는 "하나님 앞에서" (coram Deo)의 삶을 살게 하는 것이었다. 새 신자들은 하나님의 백성 됨을 깨닫고 나서 그리스도인이 진정으로 추구해야 할 삶으로 변화될 수 있는 교육이리고 볼 수 있다. 그리므로 세상에시 느낄 수 없었던 하나님의 임재를 교회 안에서 경험하게 되고 하나님 앞에서 아무렇게 살 수 없는 하나님의 사람들로 전환되는 결과를 나타낼 수 있다.

그리고 칼뱅의 교육의 목표와 내용을 정리하자면 다음과 같다.

첫째, 교육의 기본을 성경으로 강조하였다.

둘째, 목회자 교육은 교리에 치중하였다. 그것은 신자들에게 신앙 고백을 확실하게 하기 위해서이다. 16세 이하에게는 성경과 문답교육을 받도록 하였다.

셋째, 성례의식에 있어서 비 복음적인 요소를 제거하고 간소화시키며 동시에 예배의식을 회중화 하려는 노력을 하였다.

넷째, 그의 교육은 신앙 훈련을 위한 권징의 시행에 힘썼다. 그래서 모든 교인들에게 신앙의 고백뿐만 아니라 일정한 도덕 생활의 표준을 요구하였다. [59] 그러므로 성도들의 신앙을 하나님이 거룩한 것처럼 성도들도 거룩하고 정결하며 정직한 영의 자리까지 나아가도록 교육하였다.

---

59) 박종기.『새 신자를 정착시켜라』(서울: 영문, 2009), 38.

3. 한국교회의 예배

a. 1879년 ~ 1906년까지의 예배

한국 장로교회의 시작은 선교사 관점과 교회적 관점과 예배학적 관점에서 나누어서 볼 수 있다. 선교사 관점에서는 알렌(Horace N. Allen) 선교사가 한국에 들어온 1884년이 한국교회의 시작이 된다. 하지만 교회가 생겨난 것으로 따지자면 소래 교회의 형성(1883년)이 한국교회의 시작이 될 수 있을 것이다. 예배학적 관점에서 한국 장로교회의 시작은 1879년으로 거슬러 올라간다. "교회는 어디에 있는가?" 이 물음에 대한 장로교의 창시자인 칼뱅의 대답은 "하나님의 말씀이 선포되고 성례전이 거행되는 곳"이라고 말하였다. 이 말에 동의한다면, 한국 장로교회의 시작은 한국에 선교사가 처음 들어온 1884년보다 훨씬 이전인 1879년 10월경에 이미 만주에서는 한국인들 30여 명이 정규적으로 모여 한국어로 예배를 드리고 있었고(말씀이 선포되고), 그 해에 4명의 한국 사람들이 최초로 그 곳에서 세례를 받았기 때문(성례전이 거행되는 곳)이다. 만주에서 모였던 이 한국인들의 초기 신앙 공동체를 한국교회의 시작으로 보는 데 또 다른 이유가 있다. 그것은 바로 만주에서 신앙을 얻은 이들이 한국에 와서 초기 신앙 공동체를 형성하였기 때문이다.[60]

만주교회 예배의 특징은 1903년에 로스(the Rev. John Ross)선교사가 기록한 자신의 회고록인 "Mission Methods in Manchria"에 잘 나타나 있다. 이 책에 의하면 첫째로, 만주 교회의 예배는 성경 공부 위주

---

60) 김경진, "초기 한국 장로교 예배, 1879-1934," 정장복 외 19인, 『현대사회와 예배 설교사역』 (서울: 예배와 설교아카데미, 2002), 518-19.

의 모임이었다. 경전을 읽고 해석하는 일에 익숙한 동양인에게 성경을 읽고 해석하고 암송하는 일은 자연스러운 일이었다. 그래서 만주에서도 성경을 읽고 연구하고 번역하는 모임의 전통이 자연스럽게 한국 초기 신앙 공동체에 자리 잡게 된다. 둘째로, 만주 선교사들이 유창한 기도로 성숙한 교인을 구분하였다는 점과 세례 받은 사람이 공적인 자리에서 기도를 인도하도록 훈련되었다는 점을 들 수 있다. 세 번째로, 민주교회의 예배는 성도들에 의하여 인도되었는데 이것은 한국의 예배에도 영향을 주게 된다. 한국에 성경과 소책자를 들고 들어온 사람들이 모두 평신도였기 때문에 자연스럽게 예배의 인도 역시 평신도들의 몫이 되었다. 네 번째로, 중요한 만주교회 예배의 특징은 동양의 제의적 습관이 기독교적으로 해석되기 시작하였으며, 특별히 스코틀랜드 선교사들은 그것을 가치 있게 생각하였다는 점이다.[61]

초기 한국교회의 예배에 결정적인 영향을 미친 다른 요소로써 1891년 장로교 선교사들이 받아들인 네비우스 선교정책(Nevius Method)이다. 네비우스가 내세운 세 가지 중점은 한마디로 말해서 한국교회가 스스로 자신의 교회를 책임지도록 하자는 데 있었다. 이러한 네비우스의 방법은 한국 장로교 예배에 결정적인 영향을 미치게 되었는데, 예배에 있어서도 "현지인들이 스스로 예배를 드려야 한다"는 네비우스의 견해가 반영되었다. 네비우스 선교 정책을 예배에 적용하는 과정에서 많은 새로운 전통들이 만들어지기 시작하였는데 사경회나 학습제도, 그리고 연합예배 등은 대표적인 사례들이다.[62] 네비우스는 평범한 토착민들이

---

61) 김경진, "초기 한국 장로교 예배, 1879-1934," 정장복 외 19인, 『현대사회와 예배 설교사역』(서울: 예배와 설교아카데미, 2002), 524-25.
62) 위의 책, 520.

그의 언어로 복음을 전파하고 예배를 드릴 때 가장 효과적이라고 생각하였는데 문제는 "평신도들이 어떻게 성공적으로 예배를 인도할 수 있는가?" 하는 것이었다. 이러한 토착민 평신도 예배적 주도권을 유지하기 위해 네비우스는 예배 인도에 서투른 지도자를 돕는 여러 가지 프로그램을 개발하였다. 무엇보다 네비우스는 평신도 지도자들이 예배에서 조직적인 설교를 할 수 없다는 점을 인식하고 예배에서 설교대신 성경을 읽고 해석하도록 하였다. 즉 설교가 아니라 성경공부를 하도록 권장한 것이다. 그리고 가능한 간단한 예배 순서를 만들어서 그 예배 순서대로 예배를 드릴 것을 권장하였는데 이 순서를 따라 마펫이 그의 책, 「위원입교인 규조」에서 설명한 예배순서는 다음과 같다.[63]

> 1) 찬미를 부를 것이요
> 2) 기도를 할 것이요
> 3) 성서를 볼 것이요
> 4) 교우 중에서 한 사람이나 두 사람이나 기도를 할 것이요
> 5) 찬미시를 부를 것이요
> 6) 성서 뜻을 풀어 가르칠 것이요
> 7) 기도를 할 것이요
> 8) 연보 전을 드릴 것이요
> 9) 찬미시를 부를 것이요

역사 신학자인 장신대 김인수 교수는 1890년 언더우드가 그의 방에서 7명의 한국인들과 함께 한 성경공부 반을 사경회의 시작으로 본

---

63) 위의 책, 529-30.

다. 1892년부터는 교회 지도자뿐만 아니라, 평신도들에게도 성경을 가르치는 사경회로 그 형태가 바뀌었는데 여자 선교사 프레이(Miss Lulu E. Prey)는 한국인들의 성경공부의 열성에 대해 연설하면서 "어떤 여자는 백리 길을 걸어서 왔고, 어떤 여자는 어린애까지 업고 자기들이 먹을 쌀을 이고 왔다"라고 말했다.[64] 이러한 성경 연구에 대한 뜨거운 열정은 얼마 지니지 않아 주일 학교기 시작되먼시 디욱 지리를 잡이가게 되었다. 주일학교가 시작되면서 초기에는 어른과 아이가 한 자리에 모인 곳에 성경공부가 이루어졌다. 그러다가 1905년 '복음주의 선교협의회'가 조직되면서 주일학교 위원회가 임명되었고, 1907년 서울의 연동교회, 평양의 장대현교회, 선천의 북교회, 전주의 서문교회 등에서 '소아회(小兒會)'가 조직되면서 아이들만 따로 모아 성경을 가르치는 아동주일학교가 시작되었다.[65] 이 사경회의 전통은 거의 모든 교회로 번지기 시작하였는데 한국교회 부흥의 도화선이 된 1907년 대부흥운동의 밑거름이 되었다.

네비우스 선교 정책의 또 다른 영향은 연합예배의 형성인데 당시에는 목사와 선교사들이 부족했기 때문에 여러 지교회의 평신도 지도자들이 한 달에 한 번씩 모여 연합으로 예배를 드리고, 그 시간을 통해 앞으로 드리게 될 예배와 성경공부의 내용을 익혔다.[66]

한국 초기의 예배 형성에 영향을 미친 또 하나의 요소는 선교사들의 영혼구원에 대한 열정이었다. 각 교단으로부터 파송되어 온 선교사들은

---

64) 이어진, "예배회복운동(Liturgical Movement)과 그 영향에 관한 연구," (미간행석사학위논문, 장로회신학대학교, 2004), 41.
65) 김인수,『한국 기독교회의 역사』(서울: 장로회신학대학교 출판부, 1998), 168.
66) 김경진, "초기 한국 장로교 예배, 1879-1934," 529.

그들 교단만의 특색 있는 예배, 전통의 준수에 연연해하지 않았다. 왜냐하면 그들은 이 땅의 죽어가는 영혼들을 살리는 데 그들의 관심이 있었기 때문이다. 결국 그들은 탈 예전적 예배 전통인 부흥 집회식의 예배를 드릴 수 밖에 없었다. 선교사들은 오직 한국의 복음화를 위해 힘썼으며, 그것을 위해서라면 교파만의 신학과 예배형태도 결코 중요한 것이 못 되었다. 이러한 연합예배 정신은 1907년 대 부흥운동에 더욱 불을 붙여 주었다. 실제로 대 부흥운동 당시 장로교 목사였던 길선주는 여러 감리교회에 다니면서 사경회를 인도하였고, 감리교회 목사들 역사 장로교회를 다니면서 집회를 인도하는 초교파적 성격을 띠게 되었다.[67]

선교 초기 한국교회의 예배 특징은 첫째, 아펜젤러의 글에서 알 수 있듯이 매우 간단한 순서로 이루어져 있다. 둘째, 성경공부 위주의 사경회 형태로 모였다. 셋째, 네비우스 선교 방법은 토착민들이 그들의 언어로 그들만의 예배를 드릴 때 가장 효과적이라 생각하였기 때문에 훈련 받지 않은 평신도들이 예배를 인도할 수 있도록 설교 대신 성경을 읽거나 성경공부를 권장하는 등 매우 간단한 예배 순서로 이루어졌다. 넷째, 초기 선교사들은 오직 한국의 복음화에만 전념하였기 때문에 자신들의 교단의 예배 형식에 연연하지 않고 교파를 초월하여 함께 모여 연합예배를 드렸으며 부흥 집회 식으로 진행되었다.

이 시기의 예배는 자연적이면서도 필연적으로 세대 분리가 일어날 수 밖에 없었다.

---

67) 김인수, 『한국 기독교회의 역사』, 259.

첫 번째는 선교 초기 한국 사회 전반에 전통적인 유교사상이 교회에 자리하였기 때문이다. 1885년 기독교가 처음 한국에 들어왔을 당시 사회의 지배적인 가치는 전통적인 유교사상이었기 때문에 권위주의의 가치를 지향했으며, 인간관계와 사회윤리를 규정하는 기본 원리는 상하 위계적인 서열관계였다. 기독교로 개종한 사람들일지라도 400여 년 동인 유교사상에 젖어 있던 가치 체계를 한 순간에 비꿀 수는 없는 일이었다. 그래서 어른과 어린이가 구별되었고, 남자와 여자가 구별되었으며 양반과 상민, 무관과 문과 등으로 다양한 세대의 단절이 일어났다. 이와 같은 전통적 유교사상은 교회에 그대로 유입 되어 초기 기독교에서 한 예배당에서 남녀가 분리하여 예배를 드리고, 어른들이 모인 자리에 자녀들이 함께 할 수 없었으며, 남성은 남성들끼리, 여성은 여성들끼리, 자녀들은 자녀들끼리, 세대를 나누어 자연스럽게 교회공동체가 구성되어졌다.

두 번째는 초기 한국 기독교 선교정책과 교회교육의 관계에서 찾을 수 있다. 당시 교회교육은 전세대가 함께 교육을 받는 것이 아니고 세대를 단절하여 믿음을 전수해주는 성경적 교육이라기보다는 신앙이 없는 세대에게 신앙을 심어주는 선교정책의 일환이었다. 초기 한국교회에서는 교육이 예배의 설교보다 더 강조되었는데 어린이 주일학교로부터 시작하여 남자 장년 주일학교, 여자 장년 주일학교가 오전 내내 시간대별로 모였다. 이처럼 초기 한국 기독교의 주일학교의 모습은 세대가 완전히 단절되어 연령별, 성별, 계층별로 구분되어 교육이 이루어졌다.[68]

---

68) 김창현, "한국교회 구조의 한계성과 교육목회적 대안 연구," (미간행석사학위논문, 총신대학교, 2006), 14-17.

b. 1907년 ~ 1944년까지의 예배

1907년, 최초로 한국인 목사가 배출되기 시작되면서 한국교회의 예배는 또 다른 국면을 맞게 되었다. 세 가지 방향에서 살펴보아야 하는데 첫째로, 예배의 토착화 과정이다. 한국인 목사들이 예배를 인도하기 시작하면서 초기 한국교회의 저변에 흐르고 있었던 토착적인 예배 형태가 한국교회 예배의 전면에 나오게 되었는데 새벽기도, 통성기도, 산상기도, 철야기도 등이 바로 그것이다. 이 외에도 추도예배(제사), 낙성식, 환갑연 등의 토속제의들이 기독교 예배의 형태로 탈바꿈한 것도 이후의 일이다.[69]

특히 1907년 평양 장대현 교회에서 열린 사경회 집회에서 시작된 성령의 역사는 한국교회에 대 부흥운동의 시발점이 되었는데 한국 개신교 예배의 상당부분이 한국적으로 형성되는 시기였다.

맥퀸 선교사의 보고서는 당시 사경회의 상황을 다음과 같이 소상히 알려주고 있다.

북 교회, 동문교회, 남문교회 등 많은 교회들에서 여인들이 모였고, 서문 밖에 있는 사랑방에서는 선교사들의 부인들로 꽉 채워진 채 예배가 드려졌다. 저학년 남자아이들은 대학교의 예배당에 모여 그들보다 나이 많은 이들이 모임을 이끌었고, 성인 남성들은 장대현교회에 모였다. 지난밤에도 약 2천명의 군중들이 건물 안에 운집해 있었고, 오늘 역시 건물 안에서 더 이상 빈자리를 찾을 수 없었다. 헌트(Hunt) 목사 설교 후, 리(Lee) 목사가 '기도합시다.' 라고 말했다. 그 즉시 그 방에 가득 찬 남자들은 소리 내어 하나님께 기도를 드리기 시작했다. 그들은 모두 큰 소리로 기도하고 있었다. 그것은 실로

---

69) 김경진, "초기 한국 장로교 예배, 1879-1934," 520-21.

놀라운 광경이었다... 어떤 이들은 울면서 자신의 죄에 대해 하나님께 용서를 간청했다. 모든 이들은 성령의 내적 충만을 위해 간구했다. 비록 거기서 수많은 목소리들이 있었지만 거기에 어떠한 혼동도 전혀 없었다. 그것은 실로 완벽한 조화였다. 나는 그것을 말로 설명할 수 없다... 모두가 각자의 기도에 완벽히 집중했다. 그것은 단지 시작에 불과했다. [70]

장신대 예배 설교학 교수인 김경진은 1907년 대 부흥운동의 영향에 대하여 "이 부흥운동의 결과로 한국교회의 설교자는 불신자들을 구원하는 초청을 하는 기능자가 되어가기 시작했다. 모든 예배의 중심에 불신자와 그들의 회개에 치우치게 된 것도 이때부터이다. 이때 한국교회에는 독특한 기도의 형태들이 나타나는데, 소리를 내어서 기도하는 통성기도와 새벽에 모여 기도하는 새벽기도, 밤을 새우는 철야기도, 그리고 산에서 기도하는 산상기도 등이 그러한 것들이다. 이러한 기도 형태는 한국의 독특한 형태로 발전하여 왔으며, 한국교회 예배를 특징짓는 중요한 요소가 되었다. 결국 부흥운동의 영향으로 부흥회와 기도회 등의 집회들이 발전하게 되었다"라고 [71]하였다. 또한 이 부흥운동을 기점으로 한국교회의 예배는 그리스도의 임재보다 성령의 임재와 역사를 더 강조하게 된다. 성경공부에 대한 열의를 심어 주었으며 비예전적이고 단순한 예배형태를 가짐으로 예전적 요소의 필요성을 느끼지 못하게 하였다. 그 외에도 한국교회의 예배를 주정주의로 이끌었다. 이성적 사고보다 감성을 중요시했고 예배에서의 하나님의 역사보다는 예배자가 느

70) 이어진, "예배회복운동(Liturgical Movement)과 그 영향에 관한 연구," 43.
71) 김경진, 『형성사를 통해 본 한국교회의 예배』, http://blog.daum.net/chish/5010647

끼는 감정과 감동을 더 중요하게 생각하게 되었다.[72]

두 번째로, 기존의 부흥집회 형식의 예배가 아닌 보다 예전적 예배에 대한 필요성의 인식이 대두되었는데 한국 교회 전체적 분위기 속에서 일어난 것은 아니었고 지극히 소수의 선교사들을 중심으로 일어났다.[73] 두 번째 총회였던 1913년 전라노회는 목회자가 쓸 예식서(Book of Forms)를 만들 것을 제안하였으며, 총회는 게일(James Gale) 선교사를 비롯한 다섯 사람에게 예식서의 초안을 만들 것을 주문하였다. 1917년 게일 선교사는 예식서의 초안을 제출하였으나 불행히도 이 책은 공식적인 문서로 채택도지 못하였다. 총회는 다시 새로운 예식서를 만들 것을 다른 위원들에게 주문하였고, 새로운 예식서는 1924년에 발간되어 총회의 승인을 받게 되었다. 또한 한국 장로교회는 헌법과 더불어 예배모범을 초안하였는데, 예배모범의 초안은 곽안련(Charles Allen Clark) 선교사에 의해 주도되었다. 곽안련 목사는 1919년 미국 남 장로교회의 예배모범을 거의 수정 없이 받아들여 예배모범의 영문 초안을 완성하여 1921년 교회의 공식적인 문서로 출판되었으며 1934년 한국어를 사용한 개정판이 발간되게 되었다.[74] 이 예배 모범은 이후 수십 년간 약간의 개정을 거치면서 한국교회 예배뿐만 아니라, 교회 전반에 걸쳐 지대한 영향을 끼치게 된다.

세 번째로, 1930년대로 넘어서면서 신사 참배를 거부하는 과정에서 옛것을 추구하는 전통의 회귀현상(traditum)이 나타나게 되었다. 신사 참배의 거부와 함께 새로운 예배 전통을 모두 거부하는 태도가 나타난

---

72) 김철호, "한국교회 예배갱신에 관한 연구," (미간행석사학위논문, 한일장신대학교, 2004), 41.
73) 이어진, "예배회복운동(Liturgical Movement)과 그 영향에 관한 연구," 47.
74) 김경진, "초기 한국 장로교 예배, 1879-1934," 532.

것이다. 이것은 옛 전통을 지키려는 강박관념에서 나온 것이지만, 바로 이러한 이유로 한국교회의 예배는 1930년대 이후로 별다른 발전과 형태의 변화가 나오지 않게 되었다.[75]

한국교회는 3.1운동을 통해 예배의 정치적 의미를 경험케 되고 농촌 계몽 운동 같은 것을 통해 의식화 운동으로, 또 말세 신앙과 치유와 이적 및 신비주의적 경향으로 흘러가며 **부흥** 운동이 이루어졌다. 치유와 이적을 중심한 부흥회는 김익두 목사에 의해 주도되어 교회 안에 예배를 형성했고 신비신앙은 이용도 목사에 의해 주도되어 이때부터 강력한 이원적 종말신앙과 신유와 이적 추구의 집회, 신비주의 등이 한국 교회 예배에 상당히 견고하게 자리를 잡게 된다.[76]

이상과 같이 이 시기의 예배의 특징은 한국인 목사가 예배를 인도하면서 토착화된 예배형태, 즉 새벽기도, 통성기도, 산상기도, 철야기도가 등장하게 되었고, 대 부흥운동의 영향으로 인해 부흥회, 기도회 등 비예전적인 형태로 예배가 진행되었으며, 예전적인 필요성이 대두되었지만 한국교회 예배에 큰 영향은 미치지 못하였다.

c. 1945년 ~ 1980년까지의 예배

이 시기의 한국 교회 예배 형성에 영향을 준 요소는 다름 아니라 역사적 상황들이다. 일제의 압제에서 해방이 되었지만 6.25 전쟁이라는 민족 수난을 겪게 된다. 이후 전쟁의 폐허로부터 경제 성장을 추진하면서 경제발전을 이루어나갔다. 이러한 한국 사회의 정황이 한국교회 예

75) 위의 책. 521-22쪽.
76) 이현호, "현대 한국교회 예배에 관한 고찰" (미간행석사학위논문, 한일장신대학교, 2006), 21.

배에 영향을 미치게 되었다.

　1950년에 한국전쟁이 발발하면서 한국교회의 예배상황은 더욱 악화된다. 대부분의 교회들이 파괴되고 교인들이 흩어지는 상황이 발생한 것이다. 폐허가 된 잿더미 위에서 한국교회는 다시 예배를 시작하였으나 천막이나 가정집에서 드려지는 예배가 정교할 수는 없었다. 60년대와 70년대를 거치면서 교회들이 성장하고 예배당이 지어졌지만 재정적인 문제들로 인하여 아름다운 건축물의 교회당을 만나기는 어려웠다. 그저 블록이나 벽돌로 지어진 엉성한 예배당이나 천막에서 풍금에 맞추어 찬송을 부르며 간단한 순서로 진행되는 것이 주일예배의 모습이었다. 1960년대 말부터 한국교회는 오순절 교회의 약진을 경험하게 된다. 여의도에서 열린 70년대의 집회[77]들과 순복음교회의 성장 등을 통하여 한국교회는 다시 한 번 미국으로부터 전수받은 장로교 신파(new school)와 부흥운동(Revivalism)이 가져다주는 감정적 희열과 열정을 매우 중요한 예배의 가치로 파악하기 시작하였던 것이었다. 가난하던 시대에 천막에서 예배를 드렸지만 그들은 언제나 성령의 강림을 기다리며 열정적으로 기도하며 예배하였다. 다시 부흥집회 혹은 대 부흥회가 유행하기 시작하였으며 많은 사람들이 기도원을 찾으며 신비적이고 무속적인 예배들이 더욱 왕성하게 등장하게 되었다. 자연스럽게 기복적인 내용들이 기도와 설교, 혹은 예배의 내용 속에 포함되게 되었다.[78]

　경제개발과 군사독재의 상황의 억압적 상황 하에서 한국 교회는 치

---

77) 부흥 집회의 절정은 1974년 여의도 광장에서 열린 엑스플로74(EXPLO 74)였다. 이 대회는 1974년 8월 13일부터 18일까지 열렸는데 새벽기도회와 낮전도 훈련, 저녁집회, 철야 기도회로 진행되었다.
78) 김경진, "한국교회 예배의 배경, 윤곽 그리고 내용(contents)-장로교회를 중심으로" 의 논문에서 ' 단순한 예배, 그리고 감정적, 기복적인 예배' 부분에서 발췌 함.

유, 신비, 방언, 성령운동 등으로 특징지어지는 예배를 통해 성도들을 사회로부터 도피하게 하고 기도원 운동이 왕성히 전개되며 치유와 이적, 탈 현세적인 신앙과 신비주의적 성향의 예배로 바뀌게 되었다. 이 시기의 가장 큰 영향은 성령운동이었다. 성령이 주도하는 예배는 축제성을 띠게 되었고, 박수와 열정적 찬송과 황홀경까지 일으키며 분위기는 축제적이디. 성령운동의 예배는 기본적인 골격은 있지민 성령의 김동이나 인도자의 특성에 따라 예배형식은 자유자재로 바뀐다. 또한 강력한 일체감과 공동의 소속감을 느끼게 한다. 방언과 신유, 이적사건들을 추구하며 역사적 성령운동이 걸어온 바와 같이 강력한 주정주의에 근거한다.[79]

1970년대는 한국교회로 하여금 민중 신학의 발전을 가져왔다. 민중의 발견, 민중 문화의 재조명 등은 예배로 하여금 현장성과 정치성, 그리고 민중 문화적 접근의 과제를 낳았다. 피안적이고 사변적 예배에서 탈피하고 구체적인 삶의 현실을 예배의 주제로 삼으면서 전통적 예배의 틀을 과감히 깼다. 예배 언어도 민중적으로 전환시켰고 형식과 내용적인 면에 있어서 전통 문화와의 접목도 적극적으로 시도하였다.[80]

이 시기 동안에 나타난 또 하나의 특징은 토착화 운동이다. 토착화의 가장 외형적 시도가 예배 분야이므로 정동교회 등 일부 교회에서 토착화가 밀도 있게 시도되었다. 이때의 토착화는 기독교 예배를 변경하는 문화적응 형태인 문화 융합(Acculturation)이나 전통의식을 기독교 신앙에 비추어서 재해석하고 변형하고 기독교 예전에 사용할 수 있는 토

---

79) 이현호, "현대 한국교회 예배에 관한 고찰," 21-22.
80) 김철호, "한국교회 예배갱신에 관한 연구," 43.

착 문화화(Inculturation)하는 수준이 아니고 전통 악기를 사용 한다던 가 전통 음악을 사용하는 정도의 문화적 대체의 수준이었다.[81]

d. 1980년대 이후의 예배

1980년대 초까지만 해도 청년예배는 물론이고 교회학교의 유초등 부의 예배의 경우, 성인 예배의 내용과 구조를 유지하면서 그 세대에 맞 는 언어와 표현방식을 반영하는 것이었는데, 386세대, X세대, Y세대, Z 세대, N세대라는 신조어가 등 장할 정도로 각 세대에서만 통용되는 언 어와 표현방식에 차이가 생겼다. 포스트모던 시대를 반영한 이들 세대 는 문화적 상상력, 영상, 멀티미디어뿐 아니라, 지적이고 논리적 응답보 다 예술적이고 감각적인 응답을 선호하고 문화적 상상력과 창조적 표 현에 열광하는데, 영상이나 멀티미디어를 수단으로 사용하는 것을 즐 겨한다.[82]

이러한 시대사조에 따라 1980년도 후반에 '열린 예배'가 온누리 교 회를 중심으로 한국교회에 등장하기 시작하였다. 소위 열린 예배는 윌 로우크릭 교회를 비롯한 미국 개신교회의 현대적 예배를 모방하는 데서 부터 시작되었다. 윌로우크릭 교회의 구도자 예배는 세상에 믿지 않는 사람들 혹은 구도자들에게 복음을 소개하고, 세상에서의 삶의 주제들에 대하여 기독교적인 응답을 해줌으로 구도자들에게 기독교를 신뢰하고 믿음을 가질 수 있도록 돕는 예배이다. 즉 구도자(새 신자) 예배에서 사 용하는 요소들은 믿지 않는 사람들이 받아들일 수 있는 문화적 매체들

---

81) 박기원, "21c 한국 개신교회의 '예배 갱신 방향연구," (미간행석사학위논문, 목원대학교, 2002), 24.
82) 김세광, 『예배와 현대문화』 (서울: 대한기독교성회, 2005), 15.

- 드라마, 음악, 비디오, 무용 등 - 을 사용하여 성경적인 진리를 알기 쉽고, 받아들이기 쉽고, 결단할 수 있도록 안내해주는 예배인 것이다. 온누리 교회의 열린 예배도 복음의 메시지를 전하는 데 있어서 가장 효율적인 방법으로 문화와 상황에 가장 적합한 스타일을 사용하여 믿지 않는 사람들을 초청하는 예배이다.[83] 이러한 한국교회의 예배의 역사를 통해 새 신자의 교회 징계를 위해 우리는 개신 방안을 추구해야 할 것이다.

4. 새 신자 예배의 언어적 의미

예배의 의미를 명확히 하려 할 때 유용한 한 가지 방법은 예배를 지칭하는 용어들을 검토하는 것이다. "예배라는 말의 우리말 뜻은 '신을 신앙하고 숭배하면서 그 대상을 경배하는 행위 및 그 양식'이라고 정의 되어 있다고 본다. 기독교의 경전인 성경에서는 예배란 말이 사용되었던 형편과 시기에 따라서 표현의 차이가 약간 있기는 하지만 그 내용은 거의 일치한다."[84] 구약에서 예배에 해당되는 히브리어는 "아바드(אבד)"인데, 이 말의 뜻은 '봉사' 또는 '섬김'이다.[85] "영어에서 예배를 service 라고 표현하는 경우 그 유래를 아바드에서 찾아야 할 것이다. 그리고 중요한 어휘는 '샤하아'라는 단어이다. 이 말의 뜻은 "굴복하는 것" 또는 "자신을 엎드리는

---

83) 이현호, "현대 한국교회 예배에 관한 고찰," 26.
84) 정장복, 『예배학 개론』, 7.
85) 위의 책, 7.

것"으로써 숭배, 순종, 봉사의 종교적인 개념을 가지고 있다. 이 개념은 예배드리는 사람들이 마음과 몸을 가지고 최대한으로 존경하는 태도를 보이는 것을 의미한다."[86]

신약에서 예배에 해당되는 단어는 προσκυνεω (프로스쿠네오)가 가장 대표적이다. προσκυνεω는 '엎드린다,' '절한다,' '부복한다,'는 뜻이다. 예배는 하나님 앞에 무릎을 꿇는 것이다. 예배는 하나님을 높여드리는 것이고, 하나님께 복종하는 것이다.

영어의 'Worship'은 Weorth(Worthy: 존경할만한)와 -scipe(-ship: 신분을 의미)의 결합어로 어떤 사람에게 가치, 혹은 존경을 돌린다는 의미를 가지고 있다. 예배는 하나님께 최고의 가치를 돌리는 것이고, 하나님께 최고의 높임을 드리는 것이다. "이 말을 좀 더 구체화시킨다면 '하나님께 최상의 가치를 돌리는 것'(to ascribe Him super worth) 이란 뜻이 된다."[87]

독일어의 'Gottesdienst'(예배)를 영어로 표현하면 'God's service and our service'(하나님의 인간에 대한 봉사, 그리고 인간의 하나님께 대한 봉사)이다.[88] 예배는 하나님께서 행하신 구원의 은혜에 응답하여 하나님을 섬기는 것이다. 예배는 하나님께서 은혜를 베푸시고 그 은혜에 응답하는 것이다.

---

86) 위의 책, 8.
87) James F. White, Introduction to Christian Worship, 정장복 역, 『기독교 예배학 입문』(서울: 도서출판엠마오, 1992), 26.
88) 정장복, 『예배학 개론』, 9.

5. 새 신자 예배의 신학적 의미

기독교는 2천년이라는 거대한 역사를 거쳐 오면서 통일성과 다양성이라는 두 가지 긴장관계 속에서 발전해 왔는데, 삼위일체 하나님을 믿고 섬기는 데는 통일성, 반면 하나님을 예배하는 형태와 그 신학에 있어서는 여러 가지의 다양성을 지니고 있다. [89] 그러므로 많은 새 신자들이 때때로 혼돈스러움을 느끼면서도 자신이 소속되어 있는 교회를 통하여 교회 정착을 하고 있다. 그러므로 새 신자 예배의 신학적 의미를 살펴보고자 한다.

a. 루터교의 예배 신학

종교 개혁자 루터교의 예배신학은 "예배는 하나님의 성전에 모이는 회중의 모임으로서 설교와 성찬을 통해 선포되는 복음으로 말미암아 회중의 믿음이 반복적으로 견고케 되는 자리이다." 라고 한다. "예배를 통하여 하나님께서는 역사하시며, 회중은 그에 응답한다." [90] 라고 말한다. "예배를 통한 하나님과의 인격적 만남은 하나님의 자기 계시와 계시에 대한 인간의 응답을 통해 이루어진다. 예배는 하나님의 자기 계시와 계시에 대한 인간의 응답을 통한 하나님과 예배하는 자의 인격적 만남이다." 폴 훈(Paul Hoon)은 "예배는 예수님을 통한 하나님과 인간의 만남", "예배란 예수 그리스도 안에서 자신을 보여주신 하나님의 계시(God's revelation)와 그에 대한 인간의 응답(man's response)", 또는 "

---

89) 정장복 『예배의 신학』, 421.
90) 위의 책, 437.

예수 그리스도 안에 있는 인간의 영을 향한 하나님의 역사와 예수 그리스도를 통하여 하나님께 응답하는 인간의 행위"라고 말한다.[91] 로버트 웨버는 예배를 "하나님의 인격과 그의 사역을 찬양하면서 하나님께 영광을 돌리는 하나님과의 인격적 만남"[92]이라고 정의한다. 예배는 하나님과의 인격적 만남이다. 그러면 하나님과의 인격적 만남은 무엇을 말하는 것인가? 프랭클린 지글러는 "기독교 예배는 예수 그리스도 안에 나타난 하나님 자신의 인격적인 계시에 대한 인간들의 인격적인 신앙 안에서의 정성어린 응답"[93]이라고 정의한다. 루터교인들이 말하는 그들의 이른바 '복음주의적 가톨릭주의'(evangelical catholicism) 예배의 특성은 그들의 교회론 신조에서 잘 나타난다.

> 우리에겐 오직 하나의 거룩한 교회만이 있으며, 그 교회는 영원히 존재할 것이라고 우리는 믿는다. 이 교회는 모든 신자들의 모임으로서 순전한 그리스도의 복음아 그들 가운데 선포되어지며 복음에 따라 거룩한 성례전이 집례 되어지는 곳이다. 왜냐하면 복음의 순전한 이해를 위한 복음 선포와 하나님의 말씀에 의지한 성례전의 집례는 기독교 교회의 온전한 일치를 가져다주는 유일한 것이다. 그러므로 모든 곳에서 행해지고 있는 인간에 의해 고안된 의식들은 이 땅 위에 존재하는 교회들의 일치를 위해 불필요한 것임을 알아야 한다(Augsburg Confession, Article Ⅶ). [94]

---

91) Paul W. Hoon, The Integrity of Worship (Nashville: Abingdon, 1971), 77.
92) Robert E. Webber, Ancient-future Worship: Proclaiming and Enacting God's Narrative, 이승진 역,『예배학』(서울: 기독교문서선교회, 2011), 13.
93) Franklin M. Segler, Christian Worship, 정진황 역, 『예배학 원론: 신학과 실재』(서울: 요단, 1983), 35.
94) 정장복『예배의 신학』, 440.

b. 개혁교회의 예배신학

개혁주의 예배는 초월적인 하나님의 주권과 죄로 인해 무능력한 인간과의 만남의 사건에 초점을 두고 있다. 개혁주의 예배는 복음에 근거하여 복음을 선포하고, 복음대로 실천하는 예배이다.[95] 그러므로 개혁교회 예배는 새 신자들에게 복음을 경험하기에 가장 적합하다.

새 신자들에게 개혁주의 예배의 신학을 소개하는 데 있어서는 예배의 중심적 인물들은 칼뱅과 그 후예들이다. "그들의 주된 관심은 '말씀의 선포'에 있었다. 하나님의 말씀은 성경을 통해 선포되어야 하며, 이러한 강조는 예배의 중심적인 자리라는 견지에서 보건대 루터에게서 보다 더욱 강조된 점이었다."[96]

하나님은 초월하신 하나님이시며 전능하신 분이시다. 즉 웨스트민스터 소요리 문 답에서는 "하나님은 영이시며, 무한하시며, 영원하신 하나님이시며, 불변하시는 분이시며 또한 그분은 지혜와 힘과 의와 거룩하심과 선함과 진실하신 인격의 하나님 이시다." 라고 말하고 있다. 왜냐하면 초기 제네바와 스코트랜드의 개혁주의 예배가 언제나 예배의 시작 부분에서 '죄의 고백' (a general confession)이나 '참회의 시편' (penitential psalm) 순서를 갖고 있었기 때문이다. 이를 통해 예배의 대상인 하나님 앞에서 하나님과 만나는 예배자의 현주소를 깨닫게 된다.
어거스틴과 칼뱅의 이러한 하나님의 주권하심에 대한 관심은 개혁주의 예배의 깊은 뿌리로 작용하고 있다.
이사야는 하나님의 부르심에 경외심을 '보임과 동시에 지체함 없

---

95) 위의 책, 445.
96) 위의 책, 446.

이 그의 범죄한 입술을 제하여 줄 것을 간구했으며, 말씀에 나타난 하나님의 뜻하심을 발견하고 하나님의 명령하심에 자신을 헌신하게 된다. [97)](#)

이러한 문장에서 볼 수 있듯이 개혁교회 예배신학은 하나님의 주권 앞에서 새 신자는 자신의 실체를 발견하게 되고 정직한 영 가운데 죄를 고백하게 된다. 새 신자는 하나님의 용서와 사랑가운데 하나님의 약속의 말씀을 신뢰하게 된다. 그러므로 개혁교회의 예배신학은 새 신자에게 복음을 경험함과 동시에 진리 안에서 자유함을 깨닫게 되며 주님의 교회에 소속을 갖게 되는 것이 매우 소중한 경험으로 다가 올 것이다.

C_
새 신자 교육의 이론적 이해

1. 성서에 나타난 새 신자 교육

예수님은 전도와 교육을 겸하셨고 최고의 전도자이며 교육자이다. 요한복음 21장 15절에 의하면 "그들이 조반 먹은 후에 예수께서 시몬 베드로에게 이르시되 요한의 아들 시몬아 네가 이 사람들보다 나를 더 사랑하느냐 하시니 이르되 주님 그러하나이다. 내

---

97) 위의 책, 446.

가 주님을 사랑하는 줄 주님께서 아시나이다. 이르시되 내 어린 양을 먹이라"고 하였다. 여기서 예수님의 명령은 새 신자를 잘 교육하라는 교육자를 향한 말씀으로 들을 수 있다. 또한 성경을 통해 사도들의 새 신자 교육도 볼 수 있다. 바울서신, 베드로서신, 요한 서신들을 새로 믿는 사람들을 교육시키기 위한 서신이다. 그들의 교육 방법은 설교, 성민친, 교회(성도의 교제)를 통한 긴접 교육 등 다양했다. 그리고 초대교회 후기의 새 신자 교육은 개종자들과 회심자들을 기독교인으로 맞이하기 위하여 초신자들을 위한 세례 준비학교(Catechuminal School)가 생겨나고 또한 새 신자들을 전도하여 지도하는 교사학교 (Catechetical School)가 세워졌다. 교사학교는 후에 신학교로 발전했다.

2. 한국 교회에 나타난 새 신자 교육

한국교회는 새 신자가 계속 들어와야 하고 소속감을 갖고 정착하여야한다. 그러나 새 신자 정착율은 점점 줄어들고 있다. 매우 안타까운 현상이 현대교회에서 일어나고 있다. 이런 상황 속에서 우리는 몇 가지 교육 목회의 대안을 생각해 볼 수 있다. 한기홍의 말에 의하면 한국의 교회는 2000년도에 들어오기 전까지 사회변화를 통해 정치, 경제 문화, 교육의 모든 분야의 발전을 이끌어 온 사회통합의 중심에 있었다고 한국 갤럽, "1997년 한국인의 종교와 종교의식"에 대한 의식조사에서 나타나고 있다.

1998년 설문조사 한 것으로 보고 한다.

한국의 교회 지도자 100인을 대상으로 실시한 '한국의 교회 미래와 희망 그리고 갱신'에 대한 설문조사 결과, 한국 교회성장 둔화의 1차적 원인은 응답자의 35%가 신자들의 '신앙과 삶의 불일치.' 21%가 '사회 변화에 대한 적응력 부족.' 18%가 '개 교회주의와 기독교인의 배타적인 태도' 15%가 '목회자 철학 부재와 교육이 없는 목회.' '11%가 물질주의 가치관' 이라고 하였다. 특히, 한국교회가 갖고 있는 가장 큰 문제점은 40%가 '세속화 및 영성 약화'라고 응답했다. 그리고 응답자의 52%가 한국의 교회개혁에 대해 '매우 필요하다.' 48%가 '필요하다'고 응답했으며, 육성되어야 할 요소에 대해서는 35%가 목회자 교육, 27.7%가 교회 학교, 21%가 신학 교육으로 응답했다. 또한 기독교의 단일연합기구 필요성에 대해서는 75%가 '필요하다.' 15% 가 '적절치 않다'고 응답했다.[98]

위에서 본바와 같이 16년 전의 한국 교회 미래와 희망을 위해 갱신을 추구했던 의식이 실제 한국교회에 반영되지 못했다. 한국 교회를 현실 속에서 바라볼 때 안타까운 모습이다. 그러므로 교회 성장의 질적 요구에 한국 교회는 교육목회의 회복이 필요하다. 그러므로 잃어버린 영혼들을 전도를 통해 교회로 인도하는 것도 매우 중요하지만, 전도된 새 신자를 교육하여 지키는 것이 더욱 중요한 문제로 다가왔다. 그러므로 '전도의 누수 현상'을 막고 새 신자 정착율 개선방안을 통해 교육목회의 질적 성장을 이루어가도록 대안을 찾아야 한다.

---

98) 한기홍, 『새 신자 육성을 위한 지도력 개발』 (서울: 한국학술정보(주), 2006), 16-17.

3. 새 신자를 위한 목회교육

새 신자 교육의 목표는 종래 기독교 교육학적 입장에서 수립한 인간중심적이고 사회중심적인 새 신자 교육목표도 지양하고 또한 최근에 교회성장학적 입장에서 수립한 그리스도의 제자 양성을 통한 재생산적인 새 신자 교육목표도 지양한, 성경에 나타난 구원론적 입장에서 새 신자 교육목표를 마련하고자 한다.

기독교 신앙의 궁극적인 목표는 구원, 즉 영생이다. 신약 전체를 대표하고 복음 중에 복음이라고 불리는 요한복음 3장 16절에 의하면 "하나님이 세상을 이처럼 사랑하사 독생자를 주셨으니 이는 저를 믿는 자마다 영생을 얻으리라" 고 하였다. 또한 사도행전 16장 31절에 의하면 "주 예수를 믿으라 그리하면 너와 네 집이 구원을 얻으리라"고 하였다.

이처럼 기독교 신앙의 궁극적인 목표가 구원이기 때문에 기독교 교육의 궁극적인 목표도 구원에 두어야 한다. 빌립보서 2장 12절에 의하면 "그러므로 나의 사랑하는 자들아 너희가 나 있을 때뿐 아니라 더욱 지금 나 없을 때에도 항상 복종하여 두렵고 떨림으로 너희 구원을 이루라." 고 하였다. 여기서 기독교 교육의 궁극적인 목표를 발견한다. 즉 기독교 교육의 목표는 예수 그리스도를 믿음으로 구원받은 성도들이 종말적 구원을 향하여 나아가는 과정에 날마다 구원을 이루어 나가도록 조력하는 것이다.

칼뱅은 하나님께서 당신의 택하신 백성들을 교회를 통하여 어떻게 양육하는가를 분명히 밝히는 교회교육의 목표와 방향을 제시하고 있다. "하나님께서는 교회의 품 안으로 당신의 자녀들을 불러 모아 교회의 성무로서 어린 신자를 양육하시며 또한 그들이 성숙한 신자가 되어 천사의 상태에 이르기까지 모성애와 같은 배려로 그들을 기꺼이 인도하신다." 그러므로 교회의 교육적 사명은 하나님의 자녀들을 불러 모으고 아직 유아상태에 있는 새 신자들을 신앙의 목표인, 즉 그리스도의 형상에 이르기까지 어머니의 사랑으로 체계적으로 교육하는 것이다.

a. 리차드 오스머의 해결책

현재 새 신자를 위한 목회 교육은 매우 심각한 단계에 와있다. 그러므로 교회는 새 신자 교육에 대한 해결책을 찾아야 한다. 오스머의 책에서(A Teachable Spirit)나타난 주장은 간단명료하다. 그는 오늘날 교수직(teaching office)이라는 관점에서 교회의 역할을 정의했다. 그는 "교수직이라는 역할이 없이는 교회는 교회가 되지 못한다."라고 주장했다.[99] 그는 오늘날 주류 교회들(mainline churches:장로교, 성공회, 감리교단 등)은 진정한 교수직을 상실했기 때문에 위기에 빠져 있다고 했다. 개신교의 목사들은 그들이 목회하는 교회에서 "교인들을 성서적, 신학적으로 탄탄한 토대를 가르칠 수 있는 권위"를 덜 갖게 되었다는 것이다.[100] 다른 말로 표현하자면, 목사들은 자신들이 교사로서의 권위를 잃어버렸다는 말이다. 이것은 교회가 만연하는 개인주의의 물결과 현대의 반권위주의에 맞서서 평신도들에게 성경과 기독교교리의 기초들을 가

---

99) Osmer, A Teachable Spirit, 14. 김도일,『교육인가 신앙공동체인가?』(서울: 장로회 출판사, 2001), 216에서 재인용.
100) 위의 책 ix.

르치는 일에 실패한 결과인 것이다.[101] 그러므로 오스머는 칼뱅의 『기독교 강요』에 나와 있는 목사와 교사들의 교수직에 주어진 권리를 설명하면서 "교회의 회원들은 마음이 옥토와 같은 부드럽고 배우고자 하는 정신을 가짐으로써, 이 교수직에 부르심 받은 교사들에게 인도함을 받아야 한다."라고 한다.[102]

b. 챨스 포스트의 해결책

오스머가 의도적인 가르침을 위한 교수직 권위의 회복을 통해서 교육적인 목회의 회복을 시도했다면, 포스터는 사회화가 오늘날 교회교육의 문제를 해결할 수 있는 열쇠라고 주장한다. 포스터는 기독교교육 학자의 눈으로 오늘의 현실(context)을 보면서 결론짓기를, 오늘날 우리가 사용하고 있는 교육의 방법으로는 "급변하는 사회 현상 가운데서 기독교 신앙의 정체성을 유지하거나 개혁하면서 우리 신앙 공동체의 유산을 유지하지 못한다."라고 하였다.[103] 이 말이 암시하는 것은 계속적으로 변화하는 사회의 기풍(ethos)에서 기독교 신앙의 정체성을 유지 혹은 개혁함으로써 신앙공동체의 유산을 유지하는 것이 포스터에게는 '전통'이라는 것이다. 물론 그의 이론은 엘리스 넬슨과 존 웨스터호프의 것에 기초를 둔 것이다. 그는 다음과 같이 인정하였다:

---

101) 위의 책 x.
102) 위의 책, pp 116-17.
103) Charles R. Foster, The Future of Christian Education : Educating Congregations(Nashvile : Abingdon Press, 1994), 11. 김도일,『교육인가 신앙공동체인가?』(서울: 장로회 출판사, 2001), 220 에서 재인용.

나의 이론은 나의 창작이 아니다. 나의 이론은 넬슨의 확신에 기초를 둔다. 즉, 회중은 기독교 신앙의 전통을 구체화(embody)하며, 공동체 생활(corporate lives) 가운데서 함께 생활함과 예배를 통하여 다음 세대들에게 신앙의 의미를 전달한다. 또한 웨스터호프의 확신을 따르는데, 신앙의 의미는 회중들 간의 교류(interplay)의 과정을 통해 양육된다는 이론이다. [104)

c. 마리아 해리스의 해결책 : 통합적인 방법으로서의 심미적 접근

마리아 해리스(Maria Harris)의 종합적인 접근을 살펴보자. 그녀의 저서 Teaching and Religious Imagination은 가르침에 대한 예술적 또는 심미적(aesthetic) 접근을 다루고 있다. 그녀는 다음과 같이 쓰고 있다. [105)

가르침이란 종교적 상상력의 행위로 볼 때, 가르침의 주제(subject matter)의 계시로 이끌어 내는 주제의 실현(incarnation)이다. 이 계시의 중심에는-힘의 은혜, 특히 자기 자신뿐만 아니라 자신들이 살고 있는 세상을 재창조할 능력을 소유했다는 자신을 발견한-인간이 모든 가르침의 일차적 주제라는 것에 대한 발견이다. [106)

앞서 인용한 해리스의 논제(thesis)는 가르침의 역할에 관한 성찰이다. 몇 가지 차원의 개념들이 소개되고 있음을 주지해야 할 것이다. 예컨대, '종교적'이라는 형용사와 '상상력'이라는 명사는 각기 다른 인상을

---

104) 위의 책 13.
105) 김도일, 『교육인가 신앙공동체인가?』, 224.
106) incarnation을 실현으로 번역하는 이유는 성육신의 의미가 아닌 계시(revelation)의 의미상 상반되는 의미로 쓰여 졌기 때문이다. Maria Harris, Teaching and Religious Imagination, xv. 김도일, 『교육인가 신앙공동체인가?』, 224에서 재인용.

내포한다(connote). 전자는 '나를 감싸거나 포용하고 있는 어떤 신비함'을 내포하는데, 이는 역시 엄숙한(numinous) 신성(divinity)을 나타낸다.[107] 해리스에 의하면 엄숙함(the numinous)은 우리 인간이 신의 임재에 대한 인식(awareness)을 경험할 때 느끼는 것이다. 전자의 종교적이라는 형용사가 신적인 의미를 내포한다면, 후자의 상상력은 사람의 행위를 내포한다.[108] 상상력의 역할은 어떤 면에서 해석(interpretation)의 과정과 유사한데, 이는 "어떤 정신적인 반응성(responsiveness)-연결성을 만들 준비와 이것과 저것을 관계 짓거나 비교할 준비"인 것이다. 그러므로 해리스의 논제에는 그녀의 가르침에 대한 개념이 사람과 신의 차원을 둘 다 포함하고 있다.[109]

이 신인간(神人間)의 역할 사이의 긴장은 그녀가 사용하는 '실현'(incarnation)과 '계시'(revelation)의 두 용어 사용에서 명확해진다. 이 긴장을 인식하는 것이 중요한 이유는 오늘날과 같은 탈현대주의의 현대 문화 가운데서는 우리가 사람의 가르침에 신적인 동참(participation)이 있을 수 있다는 생각은 희망적이기 때문이다.

탈현대주의의 조각나고 극심하게 개인 중심주의적인 문화는 알버트 보르그만이 말한 것처럼 사람들에게 '음울함'(sullenness)을 가져다주며, 결과적으로 카터가 예견한 것처럼 '불신'(disbelief)풍조를 야기하게 된다. 그러므로 해리스의 가르침에 신인적인 양면이 있다는 믿음은

---

107) 위의 책 13.
108) 위의 책 14.
109) 김도일『교육인가 신앙공동체인가?』, 225.

탈현대시대의 사람들인 우리에게 희망을 주는 메시지이다.[110)]

　　새 신자들을 교회에 정착시키기 위해 우리가 당면한 새 신자 교육에 대한 문제와 도전의 해결을 위한 현대 기독교 교육의 학자들의 제안은 매우 중요한 지적이다.

4. 신학적 틀

　　구원의 순서에 대하여 로마서 8장 29-30절에 의하면 "하나님이 미리 아신 자들을 또한 그 아들의 형상을 본받게 하기 위하여 미리 정하셨으니 이는 그로 많은 형제 중에서 맏아들이 되게 하려 하심이니라 또 미리 정하신 그들을 또한 부르시고 부르신 그들을 또한 의롭다 하시고 의롭다 하신 그들을 또한 영화롭게 하셨느니라."고 한다. 여기에서 구원의 과정을 예지(미리 아심)-예정(미리 정하심)-부르심-의롭다 하심(칭의)-영화의 순서로 설명한다. 예수 믿는 동기가 개인마다 다르듯이 구원의 과정과 변화도 개인마다 다를 수 있으며 어떤 것은 동시적으로 일어날 수도 있음을 인식해야 한다.

　　구원의 순서에 대한 중간적인 입장은 루이스 벌코프의 입장이다. 그는 그의 저서 "조직신학"(Systematic Theology) 에서 성경은 이상과 같은 형태의 구원순서를 뚜렷이 밝히고 있지 않다고 주

---

110) 위의 책 226.

장하고 있다.

> 우리가 구원의 순서에 대해서 얘기할 때, 개개인의 신자에게 적용되는 하
> 나님의 은혜의 역사는 단일한 과정임을 잊어서는 안 된다. 그러나 구원의
> 적용과정에서 나타나는 다양한 국면들이 이상에서 언급된바 있는 순서
> 로 구별 될 수 있다는 사실과 또한 구원적용의 과정이 명쾌하고도 합리적
> 인 순서로 진행된다는 사실, 그리고 하나님께서는 신자들에게 ㄱ이 구원
> 을 여러 과정이 아닌 단 하나의 사건으로 베푸시지 않는다는 점을 우리는
> 강조하려 한다... 그렇다면 성경이 과연 명료한 구원의 순서를 말하고 있
> 는가라는 질문이 대두 된다. 이에 대한 대답은 이러하다, 즉 성경은 우리
> 에게 구원의 완벽한 순서를 제공하고 있지는 않으나 그러한 순서에 대한
> 충분한 근거를 제공하고 있기는 하다는 것이다.[111]

계속해서 "구원의 순서"란 문제점에 대한 최근의 세 가지의
접근방식을 주목하기로 하자. 한 극단의 경우가 존 머레이(John
Murray)의 경우다 그는 성경으로부터 구원의 명확한 순서가 추
출될 수 있다고 믿는다. [112] 그의 저서 "성취된 그리고 적용된 구속
(Redemption-Accomplished and Applied)에서 머레이는 로마서
8장 23절[113]로부터 사도 바울이 부르심(calling), 의롭게 하심(jus-
tification), 영화롭게 하심 (glorification) 이란 구원의 순서를 추출
하고 있다고 본다. 더 나아가 그는 순서상 믿음(faith)과 회개(re-
pentance)를 칭의 앞에 그리고 중생(regeneration)을 믿음 앞에

---

111) Berkhof, ST, p. 416. 안토니 A 후크마, 『개혁주의 구원론』 (서울: 기독교 문서 선교회 1990), 24
  에서 재인용.

112) Redemption-Accomplished and Applied (Grand Rapids:Eerdmans, 1995), 98. 안토니 A
  후크마,『개혁주의 구원론』, 23에서 재인용.

113) 롬 8:23 '그뿐 아니라 또한 우리 곧 성령의 처음 익은 열매를 받은 우리까지도 속으로 탄식하여
  양자 될 것 곧 우리 몸의 속량을 기다리느니라'

놓을 만한 성경적 근거를 제시하고 있다. 구원의 순서는 부르심, 중생, 믿음과 회개, 칭의, 양자 삼으심, 성화, 견인 그리고 영화라고 이해하고 있다. 이런 저런 이유로 벌카우어(G. C. Berkouwer)는 '구원의 순서'라는 표현 보다는 '구원의 길'(way of salvation)이란 표현을 사용하기를 좋아하므로 구원의 순서를 정하기를 거부한다. [114] 만약, 구원론이 '구원의 교리'로서 이해되어진다면 제일 먼저 다뤄야 할 문제는 구원의 축복을 하나님의 백성에게 적용함에 있어 어떤 순서(ordo salutis)가 있느냐 하는 것이다.

a. 구원의 순서에 어려운 문제들

헤르만 바빙크(herman Bavinck)는 "중생, 믿음, 돌이킴, 새로워짐 등등의 표현들은 성경 속에서 구원의 여정에서 나타나는 연속적인 단계들을 가리키기보다는 사람 속에서 일어나는 변화의 전체 과정을 한 단어로 요약시키는 것이다"라고 하였다. [115] 고린도전서 6장 11절에 의하면 "너희 중에 이와 같은 자들이 있더니 주 예수 그리스도의 이름과 우리 하나님의 성령 안에서 씻음과 거룩함과 의롭다 하심을 받았느니라."고 한다. 여기서 성화가 칭의 보다 먼저 언급되어지고 있다.

b. 우리가 꼭 구원의 순서에 대해서 말해야 하는가?

중생과 믿음의 관계는, 전등의 스위치를 켜는 것과 방에 불이 들어

---

114) Faith and Sanctification, trans. L. B. Smedes (Grand Rapids: Eerdmans, 1954). p 36. 안토니 A 후크마, 『개혁주의 구원론』, 25에서 재인용.
115) 안토니 A 후크마 『개혁주의 구원론』, 29.

오는 것과 같은 동시적인 사건이다.[116] 이것을 "설명하는 최상의 방법은 중생이 구원의 과정 속에서 나타나는 다른 국면들 즉, 믿음, 회개, 성화 등등에 대해서 원인적인 우선순위(causal priority)를 갖고 있다고 말하는 것이다."[117]

그리스도 안에서 우리가 갖는 구원을 우리에게 적용함에 있어서, 우리가 그것들을 하나씩 다루더라도 그것들은 결코 분리되어 일어나는 것이 아니라 함께 일어난다는 사실을 기억해야 한다. 칭의와 성화를 구분해서 생각하며 토의 할 것은 이 둘은 언제나, 함께 일어난다는 것을 결코 잊어서는 안 될 것이다. 중생과 돌이킴도 분리해서 다룰 것이다. 그러나 이 둘은 절대로 분리되어 일어나지 않는다. 구원의 과정은 중생→돌이킴 →칭의→성화→성도의 견인과 같이 일련의 연속적인 경험으로 이해되어 져서는 안 되며, 오히려 구원의 과정은 동시에 시작되어 지속되는 "다양한 국면들을 포함하는 하나의 단일한 경험으로 이해되어져야 한다. 구원의 과정의 국면들은 연속적인 것이 아니라, 동시적인 발생으로 이해되어져야 한다. 비록 중생이 다른 국면들에 대해서 원인적인 우선순위를 갖고 있으나, 그것은 시간적인 우선순위가 결코 아니다."[118]

c. 구원의 순서에 함축된 의미들

첫째로 비록 중생이 그리스도인 삶의 처음에서 일어나지만 그것이 주는 여파는 신자가 거듭난 삶을 살아가는 동안 계속되어진다. 또한 믿

---

116) 위의 책 28.
117) 위의 책 28.
118) 위의 책 31.

음과 회개가 시초에 일어나지만, 그리스도인의 삶의 전역에 걸쳐 지속적으로 수행되며 계속되어져야 한다.[119] "구원의 과정에서 나타나는 이러한 국면들은 동시적일 뿐만 아니라 또한, 상호적이다."[120]

구원의 과정을 믿는 자는 그가 이생에 있는 한, '이미'(already)와 '아직'(not yet) 사이의 긴장 가운데 있는 것이다.[121] 배척되어야 될 견해들은, 돌이킴 이후에도 어떤 분명하고도 인지 가능한 두 번째 단계의 필요성을 주장하는 자들, 또한 회심에 뒤이어 두 번째와 세 번째의 단계의 필요성을 주장하는 자들을 포함한다. 성결교회, 대부분의 오순절 교회들, 몇몇 오순절 교회들이다.

구원의 과정들이 연속적인 것들로 보기보다는 동시적인 것들로 보는 것이라는 사실을 살펴보았다. 그러므로 그리스도인의 삶이 진보된다는 것은 회심 이후에 이르게 되는 어떤 특정한 단계를 의미하는 것이 아니라, 오히려 점진적이고도 지속적인 성장으로 이해되어져야 한다.

핫지(A. A .Hodge)는 이것을 다음과 같이 말하고 있다. 만약 당신이 성화에서 그리스도를 받아들이지 않는다면, 칭의의 단계에서도 그를 받아들일 수 없는 것이다. 피의 순환과 산소흡입을 구분할 수 없듯이 칭의를 성화와 분리시킬 수 없는 것이다. 호흡과 순환이 별개의 것이기는 해도 후자 없이 전자는 있을 수 없다. 그것들은 함께 공존하여 한 생명을 구성하고 있다. 이처럼 칭의와 성화도 함께 공존하며, 한 생명을 이루고 있는 것이다.[122]

---

119) 위의 책 31.
120) 위의 책 31.
121) 위의 책 32.
122) Evangelical Theology (1890;Carlisle, Pa: Banner of Truth,1976), 310-11.

신학적 틀에서 "구원의 순서"는 프로그램이 되어져서는 안 된다. 그리스도인의 삶에 나타나는 영적인 성장은 하나의 사치품이 아니라 필수품이다. 구원의 과정의 다양한 국면들이 연속되는 단계들이 아니라 동시적인 사건들임을 인식함과 동시에 우리는 우리의 구원에 대한 더 풍성한 이해와 구원의 감격 속에서 희열을 갖게 될 때 까지 계속적으로 자라나야 할 필요성이 있다는 것을 잊어서는 안 될 것이다.

d. 구원에 있어서 이성과 성령의 역사

신앙은 과연 가르쳐 질 수 있는가? 신앙과 이성의 관계는 신학의 중요한 주제가 되어 왔다. 새 신자의 교육과 양육과정도 맹목적이며 무지한 신앙인이 되지 않기 위하여 가르쳐야 한다. 그러나 교육만으로 거듭날 수는 없다. 성령의 역사를 철저히 의미하는 교육이 필요하다. 이성을 조명하고 감동하여 그리스도를 생명의 주로 받아들이고, 믿게 하고, 하나님께 순종하게 해야 한다. 칼뱅이 분명하게 강조하는 바는 성령의 역사를 이식하여 그가 우리를 위하여 이룬 구원을 우리의 것이 되게 한다는 것이다.

성령의 주된 역사는 바로 믿음이다.[123] 성령이 하시는 활동 중에 가장 중요한 것은 믿음을 일으키는 것이다. 성령은 믿음을 통하여 우리를 복음의 광명으로 인도하시는데, 이 믿음의 역사를 이루시기 위하여 여러 가지 활동을 하신다.

우리는 이 믿음으로 그리스도를 생명의 주로서 받아들이고, 인식하

---

123) 존 칼뱅,『기독교 강요』(서울: 크리스챤 다이제스트 2011), 14.

고, 하나님의 자녀가 되는 자유와 기쁨을 누린다. 그리스도를 받아들이는 것은 인간의 가능성이 아니고, "칼뱅에 의하면, 그것은 초자연적인 은혜이다. 성령은 세상이 받아들일 수 없는 하늘의 생명을 선사하는 진리의 영으로서 우리가 복음의 선포를 들을 때, 우리의 마음과 이성을 조명하고 감동하여 그리스도를 생명의 주로 받아들이고, 믿게 하고, 하나님께 순종하게 한다."라고 말한다. 그리고 칼뱅이 분명하게 강조하는 바는 성령의 역사에 의하여 일어나는 그리스도와 우리 사이의 연합과 일치는 지상에서 현실적인 것이고, 그리스도는 우리를 그의 몸 안으로 이식하여 그가 우리를 위하여 이룬 구원을 우리의 것이 되게 한다는 것이다. 그러므로 칼뱅은 "오직 믿음으로 말미암아서만 그가 우리를 복음의 빛으로 인도하시기 때문이다."[124]라고 말한다.

5. 새 신자와 세례의 의미

새 신자에게 세례는 매우 중요한 하나의 사건이다. "세례는 기독교 역사와 함께 변함없는 전통으로서 그 깊은 의미를 간직해 온 성례(Sacrament)이다. 이 성례는 종교개혁의 숱한 논쟁 가운데서도 거부되거나 수정되지 않은 채 예배 속에 그대로 지속되어 온 특유한 순서이다."[125]

---

124) 위의 책 14.
125) 정장복 『예배의 신학』 275.

a. 새 신자에게 세례의 신학적 의미

세례가 무엇인가에 대한 정의는 모든 신학자들이 거의 동일한 입장을 취해 왔고 그 중요성에 대해서도 공통된 견해를 가지고 있다. 대표적인 예로 칼뱅의 견해를 보면 그는 세례를 가리켜 "하나님의 의하여 그의 자녀로 삼으시는 거룩한 인침이며 이것은 그리스도와의 붙임(engrafted in Christ) 으로서 새로운 출발이다."[126] 그러므로 새 신자에게 세례의 신학적 의미는 그리스도와 연합되어져 하나님의 자녀로서 하나님의 나라의 백성으로서의 세례를 통한 소속감을 갖게 한다.

세례는 예수 그리스도의 사람이 되는데 필요한 결정적 사건이다. 왜냐하면 그것은 그리스도와의 연합을 공적으로 시인하고 그와의 연합을 적극적으로 표현하는 성례전이기 때문이다.

그리스도와 연합된 새로운 몸으로서의 출발이 다짐되고 공포되는 예전으로서의 세례는 수세자를 보다 적극적으로 그리스도의 사람이 되게 하는 방편이요, 인침이다. 이때 한 생명의 새로운 존재의미가 다시 발견될 수 있으며 또한 자신이 그리스도에게 소속된 지체의 일부임을 언제나 자각케 함으로써 타락된 육적 생활로부터 벗어날 수 있게 된다. 이러한 사상에 대하여 사도 바울은 "누구든지 그리스도와 합하여 세례를 받는 자는 그리스도로 옷 입었다."(갈 3:27) 라고 말하고 있다. [127]

위와 같이 새 신자에게 세례는 그리스도와 연합된 새로운 몸으로서의 시작과 함께 그리스도에게 소속된 지체로 그리스도로 옷을 입고 새 생명의 삶을 살아가게 된다.

---

126) Calvin's Institute, 4:15:1. 정장복 『예배의 신학』276에서 재인용.
127) 정장복 『예배의 신학』277.

b. 새 신자에게 세례를 통한 소속감

새 신자에게 세례는 하나님과의 관계가 형성되는 매우 놀라운 사건이다. 바로 주님의 교회의 소속이 됨을 확인 할 수 있는 사건이 된다.

세례는 기독교인 생활의 유일한 성례전 시작이다. 그것은 언제나 있어 왔고 언제나 있을 것이다, 기독교 세례만이 우리를 교회의 회원으로 세운다. 우리의 자연적 탄생이 우리를 인간가족의 식구로 세우는 것과 똑같이 세례는 우리를 하나님의 영적 가족의 식구로 세운다. 세례는 소속의 성례전이다. 그것을 통해 우리 개인은 완전히 그리고 철저히 하나님께 속하고 교회 안에서 서로에게 속하게 됨을 알린다. 세례를 기존의 입교 과정 중 첫 단계와 같은 식으로 생각해서는 안 된다. 그것은 전부이거나 아니면 아무것도 아니다. 거룩한 세례의 성례전을 통해 개인은 6주 밖에 안 되었든, 60살이 되었든 완전하고 영속적인 그리스도 교회의 회원이 된다. 절반 잉태라는 것이 있을 수 없듯이 그리스도 안에서 부분적으로 회원이 된다는 것은 있을 수 없다.
어느 날은 기독교인이고, 어느 날은 아닌 경우란 있을 수 없다.
우리가 인간 가족의 일원임을 부정할 수 없듯이 우리가 기독교 유산의 일부임을 부정 할 수 없다. 세례 받은 사람으로서 우리가 누구이며 누구에게 소속되어 있는지 상기해 볼 필요가 있다. 우리는 정체성 안에서 성장할 필요가 있다. 세례는 우리를 기독교인으로 만들고, 우리를 그리스도의 몸에로 한 번에 그리고 영원히 속하게 한다. [128]

새 신자에게 세례는 교회 소속감을 고취시키며 하나님과의 인격적인 만남 속에서 하나님의 백성으로 새롭게 출발하는 매우 놀라운 사건

---

128) 존. H. 웨스트 홉 III, 윌리암 H. 윌리모. 박종석 역 『교회의 의식과 교육』(서울: 베드로 서원 1992) 110-11.

이다. 그러므로 새 신자에게 세례는 주님의 교회, 더 나아가 하나님의 백성이 된 소속의식을 확고하게 세워질 것이다.

D_
필자의 경험

필자가 섬기고 있는 교회는 설립한지 10년의 시간이 흘렀지만 10년 동안 교회를 찾아온 새 신자들을 소속감을 갖게 하고 양육하며 정착시키는 프로그램이 부족하였다. 부교역자들이 새 신자 성경공부를 실시하였지만 저조한 참석, 형식적으로만 진행되고 있었다. 새 신자들이 교회에 와서 예배에 참석하지만 기존교인인지, 새 신자인지 구별 할 수 없으며 교회생활과 예배생활에 대한 안내가 부족하며 교회 안에서 성도간의 교제와 돌봄의 관계가 형성되지 못했다. 사랑방 소속이 되어 소그룹에 참석하는 새 신자 들은 교제와 양육이 어느 정도 이루어졌지만 그 외의 많은 새 신자들은 주일에 드려지는 기존 예배 외에 새 신자 정착을 위한 신앙교육에 필요한 프로그램이 전혀 없었다.

담임 목회사역을 하면서 필자가 처음으로 예빛교회 목회 분석을 위한 설문을 했다. 본 교회의 목사사역 11개의 영역 설문지 분석 결과에 대한 평가를 토대로 해서 예배의 소속감 고취를 통한 새 신자 정착에 대한 예배준비와 새 신자 대상으로 새 신자 교리 성경공부를 10주간과 새 신자들 만을 위한 새 신자 예배를 2주간동안 했었다. 새 신자들에게 복음을 경험하게 하는 예배와 교리교육과 찬송과 기도, 목사와의 교제, 다과와 음식 나눔으로 진행되었는데 새 신자들이 교회에 정착하는데 큰 도움이 되었다.

성경공부를 통해 새 신자들이 교제와 만남을 원하며 진리와 예배에 대해서 더 알고 싶어 하며 관심과 사랑과 섬김을 원하고 있음을 알게 되었다. 특히 담임목사가 직접 교육하고 교제하는 시간을 통해 새 신자들은 매우 교회에 친밀감을 느끼는 것을 경험할 수 있었다. 멀리서 보던 담임목사와 12주간을 함께 성경공부를 하고 담임목사와 함께 예배를 드리는 시간들은 새 신자들이 처음에 교회에 어떤 인상을 받고 누구를 만나 교제와 섬김을 받으며 어떤 신앙의 지도를 받았다는 것에 교회를 담임하고 있는 목사와 친밀함속에서 사랑을 받고 신앙생활의 첫 걸음이 된다는 것은 교회 소속감을 갖고자 하는 의지가 매우 적극적으로 나타났다. 담임목사와 함께한 신앙교육은 신앙생활에 지속적으로 큰 영향을 끼친다는 것을 경험했다. 기독교 기초적인 교리 훈련으로 행했던 성경공부는 전인적인 하나님과의 만남 속에 구원의 확신을 갖게 하며 새 신자 예배와 대 예배 속에서도 복음이 선포될 때 새 신자들은 뜨거운 하나님의 은혜를 경험했다고 고백했다.

새 신자에게 복음이 심어진다면 교회에 소속감을 갖게 되고 정착하는데 상당한 효과와 활성화가 될 것이다. 새 신자가 처음 교회등록을 하였지만 기존교인들 중심으로 드리는 예배스타일에 많은 거부감을 가지고 있으며 예배에 대한 기초지식이 없는 상태에

서 그리고 복음진리를 전혀 알지 못한 상태에서 드려지는 예배는
새 신자들이 정착하기에 많은 장애가 될 것이다. 그러나 필자는 담
임목사가 직접 훈련하는 새 신자 기독교 기초 교리교육과 새 신자
예배가 새 신자들이 교회에 정착할 수 없게 하는 장애요인을 제거
하는 가장 좋은 프로그램이라 생각한다.

새 신자 교리훈련과 예배를 통해서 새 신자들에게 복음의 진리
를 깨닫게 하고 새 신자위원회 사역자들을 통해서 사랑과 섬김, 교
제와 나눔의 교회공동체를 경험한다. 교회생활과 신앙생활과 예배
에 도움을 줄 수 있는 새 신자 예배와 교리훈련이 본 교회에서는 새
신자에게 소속감을 고취 시키고 정착시키는데 가장 좋은 대안이라
생각한다. 새 신자는 하나님의 말씀으로 빚어져야 한다는 것을 다
시 한 번 깊이 깨닫게 되는 경험을 했다.

변화의 단계는 교회활성화의 구체적인 계획과 목표들을 실천해가는 과정이다.
따라서 새 신자 위원회를 구성할 것이다. 이 때 중요한 것은 새 신자 위원들에게
목회자와 위원들 간의 협력, 열린 자세, 계획과 실천에 대한 합의 긍정적인 변화에
대한 확신을 통해서 목회자의 제안이 새 신자 위원회 속에서 재생산 되도록 하는
것이다.

Chapter

04

변화이론

In Planting
to Grow

전도대회

지역봉사

chapter.4

변화이론

A_
변화이론-매슬로우(Maslow)의 욕구이론

새 신자를 정착시키기 위해서는 "저수지에 맑은 물이 계속 유입이 되듯이 새 신자가 계속적으로 들어와야 하고 정착하여야 한다."[129] 그러기위해 새 신자에게 소속감을 고취시키기 위한 새 신자 정착율 개선 방안을 모색해야 한다.

> 미국의 조지 갤럽 조사에 따르면, 현재 미국의 많은 사람들이 지역교회에 출석하지 않고도 '좋은 신자'가 될 수 있다고 생각한다. 그러므로 교인이 된다는 것은 헌신의 행위이다. 그들의 가치를 회복 시켜주는 것은, 그들이 소속감을 가지고 교회에 충성하도록 만드는 것이다. 그래서 교회는 출석자들이 교회에 소속감을 갖도록 독려한다.[130]

129) 박종기, 『새 신자를 정착시켜라』 (서울: 영문, 2009), 11.
130) 위의 책, 186.

교회를 나온 지 얼마 되지 않는 새 신자는 예배를 통해 하나님과의 인격적인 만남의 경험이 필요하다. 그리고 구원받은 하나님의 백성 됨을 새 신자가 발견하고 한 공동체의 일원됨을 교회 공동체 속에서 확인하고 교회의 소속감 욕구가 고취되어야 한다.

매슬로우의 욕구이론는 첫째는 생리적 욕구이다. 둘째는 안전의 욕구, 셋째는 소속감과 애정의 욕구, 넷째는 자존감의 욕구, 다섯째는 자아 실현의 욕구이다. 특별히 소속감이 욕구단계에서 인간이 다른 사람들과의 호의적인 관계를 원하게 되는데 이것을 '공동사회적정서'라고 하며 사람들은 서로 동일시하며 서로 도우려는 진지한 열망을 가지게 된다고 하였다. [131] 이런 심리학적 견해를 볼 때 새 신자들은 신앙생활을 통해 자신의 삶을 바꾸려는 동조성을 가지고 있다고 할 수 있으며 사랑받고 싶어 하는 욕구를 가지고 교회에 나온다고 볼 수 있다. 그러므로 복음을 경험하기 전에는 새 신자는 교회 공동체 안에서 인간관계의 애정의 욕구, 교제의 욕구, 안전의 욕구를 충족시키며, 친분과 사랑의 관계로 승화시키기를 원한다.

교회가 새 신자를 얼마나 따뜻하게 대해주느냐에 따라 교회의 소속감을 갖고 등록을 하고 정착하게 하는 결정적인 동기가 될 것이다.

---

131) A. H. Maslow, Motibation and Personality, 송대봉 역,『인간의 동기와 성격』(서울: 교육과학사, 1992), 47-58.

1. 욕구의 개념

인간이 선천적으로 가지고 있거나 혹은 후천적인 사회생활의 결과로 만들어진 감정이나 심리상태 중 하나로 자신에게 부족한 물질적이거나 정신적인 어떤 것을 추구하는 상태를 말한다. 식욕이나 성욕과 같이 인간뿐만 아니라 모든 생명체가 생명 유지와 개체 보존을 위해 가지는 선천적인 욕구도 있지만, 특정한 상품이나 서비스 등에 대한 욕구와 같이 인간이 사회, 경제적 생활을 하는 과정에서 새롭게 학습되어진 욕구도 있다.

경제체제의 형태에 관계없이 인간이 가진 이러한 욕구와 욕구의 발전 과정이 바로 경제주체들이 경제 활동에 참가하는 동기가 된다.[132] 그러므로 욕구란 인간이 살아가는데 필요한 것이며 이를 충족시킴으로써 만족을 얻는 일종의 본능과 같은 것이다.

매슬로우의 주장에 따르면 "인간이 특정한 목적의식을 가지고 어떠한 행동을 하는 것은 단순히 인간이 가지고 있는 논리적인 사고의 결과가 아니라 그 내면에 잠재해 있는 욕구충족의 필요성 때문이라는 것이다. 그의 임상적인 관찰에 의하면 일반적으로 인간은 문화권이 달라도 같은 종류의 욕구를 가지고 있으며 이 욕구들은 생리적인 욕구, 안전욕구, 소속과 애정욕구, 존경욕구 및 자기실현욕구 등 다섯 가지로 나뉘고 있다."[133] 그리고 인간의 행동은 이 욕구들 중 충족필요성의 강도가 가장 높은 욕구의 작용에 지배

---

132) 브르태니카
133) 권중돈, 김동배, 『인간행동과 사회환경』(서울: 학지사 2005), 309.

를 받게 된다는 것이다. 좀 더 구체적으로 설명하면 만약 사람이 잠이 부족하게 되면 인간의 욕구 중에 잠을 자고 싶어 하는 생리적인 욕구가 자극이 되고 이로 인해 그 사람은 긴장감, 불안감 등 심적인 불균형상태를 겪게 되어 이 욕구의 충족을 통한 욕구의 균형 상태를 이루려하므로 이 욕구는 행동동기의 에너지로서 작용하고 그 사람은 이 욕구를 충족시키고자 하는 곳에 모든 관심이 집중된다. 일단 이 욕구가 충족이 되면 이 욕구는 행동의 동기로서 힘을 잃게 되고 다른 욕구가 행동을 지배하게 된다는 것이다. 여기서 매슬로우가 지적한 중요한 사실은 욕구들이 행동의 동기로서 힘을 발휘하기 위해서는 계층성이 있다는 것이다.

2. 욕구의 종류

이상적이고 보편적인 인간형을 전제로 하여 인간이 어떠한 목적을 위하여 필요하거나 필수적인 것이 결핍될 때 갖게 되는 공통적인 모든 욕구를 인간욕구라 하는데 이러한 인간의 욕구를 매슬로우는 다음과 같이 설명하고 있다.

매슬로우는 그림에서 보는 바와 같이 인간의 욕구는 그 중요성과 강도에 따라 위계적으로 배열되어 있으

자아
실현의 욕구

자존의 욕구
(명예, 권력, 성취)

소속감과 애정 욕구
(타인과 관계, 인정, 단체소속)

안전에 대한 욕구
(신체적, 감정적 안전 – 위험 회피)

생리적 욕구
(의식주 수면에 대한 욕구)

<그림-1> 매슬로우의 욕구 계층

며, 개인에 따라 차이가 있고 특정 시기에 강하게 나타나는 욕구가 있긴 하지만 모든 욕구가 동시에 존재한다고 보고 있다.[134]

a. 생리적 욕구

첫 번째 매슬로우의 "생리적 욕구(physiological needs)는 인간의 욕구 중에서 가장 기본적이고 강하며 분명한 것으로 음식, 물, 수면, 성, 추위나 더위로부터의 보호, 그리고 감각적 자극에 대한 욕구등이 포함된다. 이러한 생리적 욕구는 유기체의 생물학적 유지와 직접적으로 관련되어 있다. 모든 사람은 더 높은 단계의 욕구를 충족시키기 위하여 노력하기 전에 생리적 욕구가 어느 정도 만족되어 있어야 한다."[135]

b. 안전의 욕구

두 번째 매슬로우의 욕구 이론은 안전의 욕구(safety need)이다.

일단 생리적 욕구가 만족되면 개인은 안전의 욕구에 관심을 갖게 된다. 이러한 욕구가 생기는 주된 이유는 모든 개인이 확실하고, 잘 정돈되고, 조직화되고, 예측할 수 있는 환경 내에서 생활하고 싶어 하기 때문이다. 아동기에는 이러한 안전 욕구가 성인에 대한 의존으로 나타나지만, 성인기에 있어서의 안전욕구는 직업생활을 통하여 의식주를 해결할 수 있는 정도의 재정적 수입을 확보하고, 아울러 퇴직이나 실업, 질병 등에 대비하여 저축이나 보험에 가입하며, 종교를 통하여 안전감을 획득하는 행동 등으로 표현된다. 이러한 안전욕구는 사회가 실업위기, 전쟁, 범죄, 사회조직의 해체 그리고 자연적 재해와 같은 상황에 직면하였을 때 특히 강하게 나타난다.[136]

---

134) 위의 책, 309.
135) 위의 책, 309.
136) 위의 책, 310.

안전의 욕구는 신체적, 정신적 위험이나 불안, 두려움으로부터 보호되고 안전해지기를 바라는 자기 보존의 욕구로 환경과 타인을 통해 욕구가 충족된다.

c. 소속감과 애정에 대한 욕구

세 번째 매슬로우의 욕구 이론은 소속감과 애정의 욕구(need for belonging and love)이다. 애정 및 소속감의 욕구는 "생리적 욕구와 안전욕구가 충족되었을 때 나타나는 욕구이다. 사회적 존재감이나 인간관계, 집단을 만들어 타인과 어울리는 욕구로 친분, 우정, 소속감 등에 관심을 갖는다. 이런 욕구에 의해 동기화 된 개인은 타인과 애정적인 관계를 형성하고 인생의 동반자와 가족이나 집단에 소속되고 싶어 하는 갈망을 갖고 있다. 이러한 욕구는 사회적인 고독, 소외, 배타성을 경험할 때 특히 강하게 나타난다.

d. 자존감(존경)의 욕구

사랑 받고 남을 사랑하려는 욕구가 어느 정도 충족되고 나면, 자존감의 욕구(selfesteem need)가 나타난다. 이러한 자존감에 대한 욕구는 자기 존중과 다른 사람으로부터의 존경을 모두 포함하는 것이다.

e. 자아실현의 욕구

다섯 번째 매슬로우의 욕구 이론은 자아실현의 욕구(self-actualization need)이다. 자아실현의 욕구는 자신의 재능과 잠재력을 충분히 발휘해서 자기가 이룰 수 있는 모든 것을 성취하고자 하는 자아실현욕구가 강력하게 난다. 계속적인 자기발전을 통하여 성장하고 잠재력 실현

및 창조, 자아를 완성시키려는 욕구이다. 이 욕구는 자신이 원하는 종류의 사람이 되고, 자기가 성취할 수 있는 모든 것을 성취하려는 욕구이다. 이러한 자아실현은 자아증진을 위한 개인적 갈망이며, 잠재적 능력을 실현하려는 욕망이다.

매슬로우의 주장은 어느 한 단계가 결핍이 되면 그 부분을 채우기 위해 결핍욕구가 나타난다고 본다. 특별히 소속감의 욕구단계에서 인간이 다른 사람들과의 호의적인 관계를 원하게 되는데 이것을 '공동사회 적정서'라고 하며 사람들은 서로 동일시하며 서로 도우려는 진지한 열망을 가지게 된다고 하였다.[137]

3. 매슬로우의 욕구이론의 특징

매슬로우는 인간의 욕구는 그 중요성과 강도에 따라 위계적으로 배열되어 있으며 개인에 따라 차이가 있고 특정 시기에 강하게 나타나는 욕구가 있긴 하지만 모든 욕구가 동시에 존재한다고 보고 있다. 이러한 욕구의 위계구조는 절대적인 것은 아니지만, 보편적으로는 대부분의 인간이 하위단계의 욕구가 어느 정도 충족된 후에 상위단계의 욕구를 충족시키기 위한 노력을 경주한다고 보고 있다. 이것을 다시 간단히 요약하면 다음과 같다.

첫째, 욕구 충족이 실패하였을 때, 상대적으로 역기능적이거나 혼란 상태가 유발된다. 둘째, 욕구를 충족시켜 회복됨으로써 역기능을 치유할 수

---

137) A. H. Maslow, Motibation and Personality, 47-58.

있다. 셋째, 자유로운 상태에서 하나의 기본적인 욕구의 충족은 다른 욕구의 충족으로 옮아간다.

4. 사랑과 소속감의 욕구

인간은 기본적으로 생리적 욕구 및 안전의 욕구가 충족되고, 보장되면 사람들은 다른 사람들과 더불어 살며 그들로부터 인정을 받고 나아가서 사랑받기를 원하며, 자기 주위 사람들이 자기를 사회의 일원으로 받아들여 줌으로써 어떠한 집단에 소속감을 가지기를 바란다. 친구들 간에 단체나 클럽에 가입하여 소속감을 느끼기도 하고 특정한 사람이나 모든 사람과의 친밀하고 아껴주는 관계를 이룩함으로써 애정의 욕구를 만족시키는데, 이러한 관계에서는 사랑을 받는 것도 중요하지만 사랑을 주는 것 역시 중요하다.

오늘날 사회가 가변적이기 때문에 소속과 사랑의 욕구가 만족되기가 점차 어려워진다고 보는데 우리는 집과 이웃과 도시, 심지어는 배우자까지도 바꾸기 때문에 정착하기가 어렵다. 현대인들은 한군데 오래 머물러 있지도 않을 뿐더러 이웃에 살아도 정을 나누지 못하고 살아간다. 왜냐하면 그들은 소외나 거부로 인해 상처 받는 것을 두려워하기 때문이다.

"야스퍼스"는 이러한 현대인들을 군중 속에서 고독을 느끼며 살아가는 존재라고 표현했다. 건전한 사회를 유지하려면 소속과 애정의 욕구를 충족시켜야 한다.

a. 소속감 욕구를 위한 효과

이창민에 의하면 "첫째는 소속욕구로 한 집단의 일부가 되고 싶고, 그 집단에 의해 받아들여지기를 바라는 것이다. 소속욕구라고 하는 것은 다른 사람들과 함께 있기를 원하는 욕망과 그들에 의해 수용되기를 바라는 욕구로서 집단은 구성원들에게 이러한 기본적인 욕구들을 만족시키는 수단을 제공하고 있다.

둘째는 통제 욕구로 권력 욕구에 해당하며, 셋째는 애정욕구로서 타인과 개방적이고 긍정적인 관계를 확립하고 유지하려는 요구이다. 이러한 욕구의 강도가 클수록 집단을 형성하거나 집단의 일원이 되려는 행동을 할 가능성이 높다." 라고 말하였다. 또한 장혁표에 의하면 "인간은 스스로가 특정집단이나 조직의 일원이며 다른 구성원들에게 필요한 존재로 인정받고, 그들로부터 사랑받고 있다는 느낌을 받을 때 비로소 안정감과 행복감을 느끼게 된다. 즉 소속의 욕구는 생리적 욕구처럼 절박한 욕구는 아니지만 인간이 살아가는데 가장 기본적인 원동력이 되는 욕구라고 할 수 있다." 고 하였다.

이런 심리학적 견해를 볼 때 새 신자들은 신앙생활을 통해 자신의 삶을 바꾸려는 동조성을 가지고 있다고 할 수 있으며 사랑받고 싶어 하는 욕구를 가지고 교회에 나온다고 볼 수 있다. 그래서 존슨 (P. E. Johnsn)은 "개성을 지닌 개인이 아무리 유능한 존재라도 혼자 있을 수 없으며 언제나 타인의 만남을 추구하게 된다."라고 말하면서 교회는 그 가운데서 모든 지체가 유기적으로 상호 의존하여 부담을 함께 지는 생활이 영위되도록 애써야 할 것이다"[138] 라고 교회의 역할을 강조하였다. 즉 교

---

138) P. E. Johnson, A Theology of the Laity, 유동식 역, 『평신도신학』(서울: 대한기독교서회, 1987), 404-17.

회가 새 신자를 얼마나 따뜻하게 대해주느냐에 따라 교회의 소속감을 갖는 효과가 나타나고 등록을 하며 정착하는 결정적인 동기가 된다는 말이다.

b. 새 신자의 영적 유아상태에서의 소속감 욕구

새 신자는 영적유아이다. 유아는 자동적으로 성장하는 것이 아니라 성장의 조건이 구비되었을 때 비로소 성장한다. 이성장의 조건은 유아 자신이 구비할 수 없다. 이것은 부모들에 의해서 구비 되는 것이다. 마찬가지로 영적 유아기인 새 신자들에게 있어서도 그들이 그리스도의 장성한 분량에 이르기까지 자라기 위해서는 영적성장을 도와줄 영적부모가 있어야 한다.[139] 고 하였다. 현대인들이 광범위하게 경험하는 것은 불화와 스트레스 그리고 소외와 무관심, 심한 불안과 긴장이다.

많은 새 신자들이 이러한 가운데 교회에 나온다. 새 신자들을 주님의 사랑으로 따뜻하게 맞이하고 겸손히 섬겨주며, 세심하게 돌보며 양육하는 일에 정성을 쏟을 때, 새 신자들은 교회 소속감에 고취될 것이며, 소속감 욕구가 충만한 상태에서 교회에 정착하게 된다.

5. 새 신자의 소속감 욕구를 통한 활성화 방안

a. 새 신자 소속감 욕구를 충족하기 위한 교회의 준비

새 신자 소속 욕구를 총족시키기 위해 새 신자 정착 문화를 만들어

---

139) 명성훈, 『뒷문을 막아라』 (서울: 크레도, 2000), 183.

가야하며, 새 신자를 배려하는 분위기가 있어야 한다. 새 신자들의 교회에 대한 기대에 어긋나지 않도록 교회 전체가 새 신자에게 사랑의 관심을 갖아야 한다.

첫째는 새 신자를 가장 귀한 사람으로 환영한다. 새 신자는 자신을 환영하는 성도들을 만날 때, 그들은 교회에 대한 관심이 싹터 오른다. 그러기에 새 신자를 맞이해야 할 교회는 새 신자를 가장 귀한 사람으로 환영하는데 최선의 준비를 해야 한다.

둘째는 새 신자를 가장 열정적으로 마음을 사로잡아야 한다. 열정적으로 새 신자의 마음을 사로잡는 것은 우선 목사는 새 신자들의 마음을 헤아려서 그들의 마음을 사로잡는 복음의 설교를 하여야 한다. 환영 및 새 신자 위원들은 사랑과 친절을 느낄 수 있도록 열정적으로 환영하여야 한다. 성도들의 얼굴은 밝고 환하게 보여야 하고, 설교에 은혜가 되는 분위기를 형성해야 한다. 만일 새 신자가 옆에 앉아서 예배를 드리는데, 기존 신자가 스마트 폰을 확인하고 있다든지, 졸면서 설교에 무관심하다면 새 신자가 교회에 소속감을 갖고 정착하고 싶은 마음을 갖지 않을 것이다. 그것은 바로 교회에 소속이 되고자 하는 욕구를 소멸시키고 만다. 그러기에 기존 신자들은 진정으로 경건함 속에 새 신자들에 본이 되도록 열정적으로 신령과 진정으로 예배에 참여해야 한다.

b. 사랑과 소속감 욕구에 미치는 영향

돌담 외딴구석에 홀로 남겨진 어린 강아지 똥은 작은 참새와 조그만 흙덩이 마저도 하찮게 보는 여리고 쓸모없는 존재다. 그나마 말동무라도 되어주던 흙덩이도 떠나고 추운 겨울을 외롭게 보낸 강아지 똥은 봄이 되어 암탉과 병아리 가족을 만나게 된다. 그러나 그들 역시 강아지 똥에게서 아무런 쓸모를 발견하지 못하고 강아지 똥을 지나쳐 버린다. 봄비가 내리는 어느 날 강아지 똥은 자신의 곁에 피어난 민들레를 만나게 되고 민들레는 별처럼 고운 꽃을 피우는 존재라는 사실에 민들레를 부러워한다. 하지만 자신이 고운 꽃을 피우기 위해서는 강아지 똥의 도움이 필요하다고 말하고 강아지 똥은 그 말을 듣고 기뻐한다. 기꺼이 자신의 몸을 부수어 민들레 꽃을 피우게 한다. "쓸모없는 것은 없다. 개똥도 약에 쓴다. 자기를 희생하는 마음이나 배려가 있어야 한다. 착하게 살자. 참으면 반드시 복이 온다. 외모로 사람을 판단하면 안 된다. 친구에게 기분 나쁜 말을 해서 상처를 주면 안 된다."[140] 이처럼 강아지 똥은 가장 의미 있는 만남은 누구인가라는 의미를 전달해주며 강아지 똥도 쓸모 있다는 것을 알게 해준다.

이와 같이 교회 공동체에서도 교회를 찾아온 새 신자가 아무리 하찮고 보잘 것 없는 존재로 비칠지라도 교회 공동체에서 새 신자들에게 생리적 욕구, 안전에 대한 욕구, 소속감과 사랑의 욕구, 자존의 욕구, 자아실현의 욕구를 하나님의 말씀 안에서 충족시켜준다면 새 신자들은 소속감고취를 통해 교회의 주인의식 속에서 정착하게 될 것이다. 그러기 위해 교회에서 하나님의 말씀인 교리를 통해 하나님께서 인간을 향한 아가페 사랑을 느끼게 한다. 그리고 하나님의 조건 없는 사랑 속에서 죄인된 인간이 복음을 경험하게 하며, 주님의 교회에 소속감을 갖도록 말씀으로 양육을 하고 다양한 프로그램을 만들어 새 신자들에게 인간의 욕구 충족을 채워준다면 새 신자들은 교회 소속감 고취를 불러 일으켜 교회에 정착할 수 있게 된다.

---

140) 권정생, 『강아지 똥』 (서울 :길벗어린이, 1996), 쪽.

B_
구조 변화이론

본 교회의 새 신자 소속감 고취를 목표로 설정한 새 신자 정착을 실현하고자 추구하는 변화는 구성원들에게 여러 가지의 두려움을 가져올 수 있다. 그 두려움이 변화에 대한 불안감 때문에 변화에 방해요소로 나타난다면 필요한 변화를 실천하지 못하게 된다. 변화과정에 구성원들을 적극적으로 참여시켜서 그들로 하여금 변화의 필요성을 인식시키고 변화 방법도 공동으로 모색해야 한다. 변화에 대한 긍정적인 행동을 조정하기 위해 Kurt Lewin은 다음과 같은 순서적 과정을 제안한다.

첫째, 해빙(Unfreezing)의 단계, 이 단계는 변화의 추진력과 저항력 사이에 균형이 깨어져서 변화의 동인이 형성되는 단계이다.[141] 해빙은 새로운 것을 받아들일 수 있도록 굳어져 있는 상태를 녹임으로써 변화의 필요성을 인식시키고 동시에 변화의 원활한 진행을 가져오게 하는 준비과정이다. 마치 얼음조각을 만들기 위해서 기존 얼음을 녹이는 것과 같다.

둘째, 변화(Change)의 단계, 이 단계에서는 추진력이 증가하고 상대적으로 저항력이 감소하여 새로운 정보와 견해를 바탕으

---

141) 강정애 외 5인, 『조직행동론』 (서울: 시그마프레스, 2009), 331.

로 새로운 태도와 행동을 시도하는 단계이다. [142] 마치 얼음을 녹인 물을 다시 원하는 모양의 틀에 넣는 것과 같다. 이러한 변화가 원활히 진행되기 위해서는 변화가 구성원들에게 발전을 가져다준다는 확신이 필요하다.

셋째, 재 동결(Refreezing)의 단계, 이 단계에서는 추진력과 저항력 사이에 새로운 균형이 생겨나 바람직한 변화의 상태가 정착되는 과정이다. [143] 재 동결은 변화된 행동들이 반복되고 강화되어 영구적인 행동변화로 고착되는 단계이다.

마치 틀 속에 부어진 물을 새로운 얼음 조각으로 만들기 위해 다시 얼리는 것과 같다. 변화에 대한 재 동결이 없다면 구성원들은 기존의 태도와 행동으로 회귀할 가능성이 높다. 효과적인 재 동결을 위해서는 변화된 상태를 지속적으로 강화시켜줄 수 있는 환경을 조성해야 한다.

1. 해빙의 단계(Unfreezing Stage)

해빙의 단계는 결빙되어 있는 상태에 동기부여를 하여 개인 또는 집단이 변화를 위한 준비를 모색 할 수 있도록 여건을 조성하는 단계이다. 이 단계는 변화를 이루기 위한 최초의 단계로서 지역과 교회와 성도의 상황을 분석하고 교회가 활성화되기 위한 목

---

142) 위의 책, 332.
143) 위의 책.

표인 비전을 제시하는 단계이다. 월리(Robert C. Worley)와 크랙 RobertH. Craig)은 지도자의 두 가지 역할에 대해 다음과 같이 언급한다.

> "교인들의 헌신을 일으키기 위해서 지도자가 해야 할 두 가지가 있는데 먼저는 자료수집, 목표설정, 계획수립, 예산책정 평가 심사 및 축하의 단계를 만들어내야 하며 둘째로, 교인들을 포함하여 모든 교회의 자원들을 하나로 조직화시켜서 효과적으로 실천에 옮길 수 있게 만들어야한다."[144]

이 견해에 의하면 새로운 비전의 나눔과 더불어 자료수집과 목표설정 계획수립은 해빙의 단계에 해당하는 것으로 볼 수 있다.

교회에서 적용에 있어서는 당회에서의 비전 나눔을 통해 교회의 방향성에 대한 틀을 정하고 설문조사 등을 통해 상황들에 대한 자료 수집과 함께 비전의 구체적 초점을 정한다. 나아가 이에 근거하여 실제적인 실천내용을 정한 후에 예배와 설교를 통해 교회 방향성을 제시한다. 그리고 교회의 구조를 이에 맞게 조직화하면서 새 신자 위원회를 구성하여 이들로 하여금 앞으로 실천해 갈 교회의 목표에 대한 구체적인 실천계획들을 세우도록하며 실제적 상황에 맞는 새 신자 예배와 교리 교육을 기획하게 한다.

해빙의 단계는 정보와 자료들을 근거하여 교회의 방향성을 정하고 이에 대해 교인들이 함께 그 필요성에 대해 공감하는 과정이다.

---

144) Robert C. Worley and Robert H. Craig, Dry Bones Live, 강형길 역, 『교회갱신을 위한 목회 활성화 방안』(서울: 한국장로교출판사, 1994), 53쪽.

2. 변화단계(changing stage)

변화의 단계는 교회활성화의 구체적인 계획과 목표들을 실천해가는 과정이다. 따라서 새 신자 위원회를 구성할 것이다. 이 때 중요한 것은 새 신자 위원들에게 목회자와 위원들 간의 협력, 열린 자세, 계획과 실천에 대한 합의 긍정적인변화에 대한확신을 통해서 목회자의 제안이 새 신자 위원회 속에서 재생산 되도록 하는 것이다. 그리고 새 신자 정착사역을 위하여 전 교인이 참여케 하는 분위기로 유도하는 '참여 확대를 통한 활성화이론'(The Participation and the Activation of Church)을 적용하려한다. 그러기 위해서는 먼저 지도자들의 결단이 있어야 할 것이며 전 교인들의 헌신을 유발하기 위하여 모든 교회의 자원을 하나로 조직화시켜서 효과적으로 실천에 옮길 수 있도록 하는 것이다. 또한 설교를 통해 교인들이 교회가 무엇이고 바람직한 교회의 모습이 무엇이며 그러한 교회의 모습에 각 교인들이 참여해야 할 부분이 무엇인지 교육을 하고 인식케 하며 자발적으로 참여케 한 다음에 그들로 하여금 교회의 주인의식을 가지고 참여케 하는 방향으로 이끄는 것이 선행되어야한다. 이 과정에서 교인들이 교회 안에서 소규모의 친밀한 공동체에 속하여 일체감을 가지고 그 조직을 통하여 교회의 의사결정에 참여하고 보다 큰 공동체의 일원으로 역할을 감당하도록 배려한다. 이와 동시에 조직된 그룹은 교회의 구성원들이 자발적으로 헌신 할 수 있는 토양을 제공하여야 하며 이를 위해 과감하게 기득권을 포기하고 섬김의 종이 되어야 할 것이다.

3. 재 동결단계(refreezing stage)

변화된 것을 다시 결빙시켜 새로운 규범을 확고하게 정립하여 지속성을 갖게 하는 것이다. 이 단계는 변화의 과정을 거쳐 새로이 형성된 것들이 정형화된 행동(Patterned behavior)으로 굳어지는 과정이다. 이 때 지도자는 자기역할을 축소시키고 집단의 정체를 받아들여 집단속에서 합의를 도출하여 규범화 작업을 하도록 지도해 나가야한다. 그러므로 새 신자위원회를 훈련시키고 정보를 수집하게 함으로써 새 신자를 돌보기 위한 구체적인 계획을 수립하도록 할 것이다. 새 신자위원회도 체계적인 조직으로 세워지고 구체적인 역할이 부여되며 그에 따른 훈련이 병행될 것이다. 위원들에게 자신감을 심어주고 기존의 틀에서 탈출하여 새로운 방향에 대한 이해를 가질 수 있게 할 것이다. 본 교회에서는 변화단계에서 실천했던 내용들을 점검하고 세부적인 사항들을 모두 파악하였다. 그리고 그 내용들을 새 신자위원회의 규범화시켰다. 즉 어떤 사람이 보아도 새 신자위원회를 통한 새 신자 목회의 방향과 흐름을 이해 할 수 있게 한 것이다.

비전 만들기는 변화의 첫 단계인 해빙의 단계로서 성도들로 하여금
세 가지예배의 필요성에 대해서 깨닫게 하는 단계이다.
새 신자 정착율 개선은 목회자와 몇 명의 책임자들만의 노력만으로는
부족하다. 전 교인의 공감대를 형성해야한다.

타개책

모든 세대가 하나로 어울어진 예빛 체육대회

chapter.5

타개책

A_
비전제시

본 교회의 가장 중요한 사역은 새 신자가 교회의 소속감을 갖고 정착하게 하는 것이다. 그러므로 새 신자 예배를 통하여 복음을 경험하게 하고 교리 교육을 통해 진리에 대해 알아가게 하며 한 주간 동안 하나님의 말씀에 대한 묵상과 복습을 함으로써 하나님께로부터 부름 받은 거룩한 백성임을 확인하고 거룩한 하나님의 자녀로서의 의식의 변화를 시도한다. 그로인해 교회에 소속감욕구를 고취시키며 정착시킬 뿐만 아니라 확고한 신앙을 가지도록 새 신자를 훈련시키는 것이다.

그러므로 본 논문은 새 신자 예배를 통하여 새 신자의 복음의 경험, 은혜로운 신앙생활과 교회에 정착하도록 도와주며 교인들로 하여금 새 신자목회의 중요성을 인식하게 하여 새 신자를 위한 사역자를 세움으로서 새 신자를 정착시키는 것이 목적이다. 그리고 매슬로우의 욕구이론 분석을 근거로 하여 새 신자 위원회를 조직하고 이를 달성하기 위해 계획과 실천을 세우며 실천적인 위원회 운영을 진행하려고 한다.

1. 비전 만들기

비전 만들기는 변화의 첫 단계인 해빙의 단계로서 성도들로 하여금 세 가지 예배의 필요성에 대해서 깨닫게 하는 단계이다. 새 신자 정착율 개선은 목회자와 몇 명의 책임자들만의 노력만으로는 부족하다. 전 교인의 공감대를 형성해야한다. 현재 교인들이 굳어 있는 사고를 새로운 사고로 변화되는 과정을 경험하도록 하기 위하여 교회의 본질과 사명에 대한 성경적 이해를 갖게 하고 나아가 새 신자에 대한 성경적 이해와 교회에 소속감을 갖고 정착시키기 위하여 새 신자들의 욕구를 채워주고 새 신자 예배와 새 신자 교리 훈련에 대한 필요성에 분명한 비전을 공유하게 하는 것이다.

a. 당회원과 비전을 공유하기

당회원 들에게 예배를 통한 복음의 경험이 일어 날 수 있도록 비전을 제시했다. 12주간 기독교 교리인 성경말씀훈련을 통한 복음경험을 위해 담임목사가 직접 새 신자 훈련을 이끌 것을 2014년 2월 임시 당회(9일)에서 동의를 얻고 결정했다. 그리고 이 프로그램을 위한 새 신자위원회를 2월 16일에 조직을 하고 새 신자 위원들의 모임을 갖고 기도회와 교육을 하고, 회중에게는 8주간의 대 예배시간(광고)에 교육을 하기로 하고 4월 27일 (주일)부터 실행하기로 결정했다.

b. 회중들과 비전을 공유하기

대 예배시간에 회중들에게 4주간의 교육을 실시했다. 새 신자에 대한 이해와 관심을 갖고 친절한 모습으로 새 신자를 대하기를 강조했다. 회중들과 구별하기 위해 새 신자들을 노란 리본을 옷에 달아주었다. 구별된 새 신자들에게 회중들은 최선의 배려를 할 수 있도록 교육했다. 또한 교회 공동체의 회중들이 새 신자들을 따뜻한 마음으로 그리스도의 사랑을 나눌 때 새 신자들의 욕구가 채워지며 하나님의 사랑이 그들의 마음에 만족을 줄 수 있기에 하나님의 아가페 사랑으로 다가가기를 교육했다.

B_
위원회 조직

위원회는 팀장으로 김명숙권사, 안수집사 2인, 권사 3인, 권사 3인으로 구성하였다. 위원은 안수집사, 2인 권사 4인씩으로 구성한 것은 위원들 각자에게 2인씩 돌봄의 대상인 새 신자를 돌보도록 구성한 것이다.

팀장 김명숙 권사

위원 김광진 안수집사, 임병각 안수집사, 김정희권사, 심혜련권사, 박연임 권사

위원회결성은 2월 임시 당회에서 결의 하고 위원회 조직은 3월 마지막 주에 결성되었다. 첫 번째 모임은 4월 첫 주 2부 예배 후에 모여 이 프로그램에 대한 설명과 4월 마지막 주에 새 신자 환영회와 새 신자 교육에 대한 사전 교육을 실시했다. 프로그램에 진행되는 동안 매월 한 차례 모임을 통해 진행과 평가를 하기로 했다.

C_
계획 실천 단계

1. 사전 단계

a. 위원회 모임과 교육

위원회 첫 번째 모임은 4월 첫 주일 2부 예배 후에 있었다. 새 신자 돌봄 위원들은 새 신자 십계명에 대한 교육을 실시했다. 새 신자 성경공부의 목적은 회중이 성경을 통해 복음의 경험을 하게 되고 교회 소속감 고취를 통한 정착율을 개선하는데 있다. 새 신자를 위한 10주간의 교육 내용은 무엇이고, 새 신자 예배를 드릴 것이며, 어떻게 교육을 할 것인지를 소개했다. 각 내용에 대한 구체적인 교육은 새 신자와 함께 교육하기로 하고 이 시간에는 전체적인 진행과정에 대해 안내하였다.

새 신자 교육을 진행함에 있어서 위원들의 역할은 매우 중요하다. 평신도 리더들의 적극적인 참여가 없다면 새 신자교육의 성공적인 효과를 기대하기는 어렵다. 새 신자 교육과 훈련, 새 신자에 대한 소개와 함께 리더들의 적극적인 참여를 부탁했다.

> **위원회 모임**
>
> **일시** : 3월 30일 2부 예배 후
>
> **장소** : 목양실
>
> **참석자** : 김명숙, 김광진, 임병각, 김정희, 심혜련, 박연임.

b. 회중을 위한 교육

회중을 위한 교육은 4월 마지막 주부터 6월 마지막 주까지 12주간 2부 예배 후에 실시하였다.

1) 1주차 교육, 변화 이론에 맞춘 "새 신자 교리 업그레이드 워크북" 제시

저자 윤상덕 목사의 새 신자 교리 업그레이드 워크북으로 교육을 시작하였다. 윤상덕은 "새 신자들이 직접 읽고 공부하며 나눔을 할 수 있도록 성경 교재를 만들어 보았다."[145]고 말한다. 이 교재는 기독교의 진리를 다루고 있다. 새 신자들에게 기독교를 향한 질문을 다루고 있다. 새 신자 교리훈련에 매우 유익한 교재이다. 새 신자 교리 훈련은 교회 생활을 시작하면서 처음 알게 되는 성경에 대하여, 하나님에 대하여, 예수 그리스도에 대하여, 성령님에 대하여 등 배우게 되는데 이 교재를 통해 새 신자들에게 하나님의 사랑과 예수 그리스도의 죽음의 사건을 통해 자신들의 죄가 사함을 받고 구원받았다는 사실을 깨닫게 하고, 하나님께서

---

145) 윤상덕, 『새 신자 교리 업그레이드 워크북』, 2.

자신들에게 베푼 아가페 사랑을 가슴으로 받아들여 매슬로우의 욕구 5
단계가 충족되는 진리 안에서 자유함, 그리고 하나님의 자녀 됨에 확신
을 갖도록 한다. 인간의 욕구의 만족은 하나님께로 온다는 사실을 경험
하게 한다. 하나님의 백성들은 "주의 성전의 아름다움으로 만족"하기를
갈망했다.(시편 65:4). 그들은 오직 그곳에서만 보금자리를 얻은 새처럼
쉴 수 있었다.(시 84:3). 주의 집에서 즐겁게 보낸 한 날이 그들에게는
다른 곳에서 보낸 평생보다 더 나았습니다.(시편 84:10) 새 신자들의 욕
구는 하나님의 사랑으로 모두 채워질 것이다. 그러므로 하나님과 인간
과의 관계에 대해 질문하고 확인하며, 경험한 진리의 말씀으로 인한 거
룩한 하나님의 백성 됨을 확인하고 동시에 주님의 교회 일원으로서 소
속감을 갖고 정착을 할 수 있도록 한다.

2. 실행단계

a. 새 신자 교리 업그레이드 워크북을 따른 성경본문

새 신자 위원을 통해 다음 주 새 신자 교리 업그레이드 워크북에 따
른 성경본문을 알려준다.

5월 4일 (성경이란 무엇인가)	딤후3:16 / 계22:18-19 / 신6:6-9 / 수1:8-9 / 시 1:1-3 / 딤후 3:16-17 / 시 119:96, 105 / 잠언 1:7-9
18일 (하나님은 누구신가)	시139:7-10 / 욘 2:1-9 / 삼상 15: 2-3, 29 / 롬 11:29-31 / 시 32: 3-4 / 시 103:12,17 / 사 44: 22 / 마5:45 / 욘 4:10-11 / 시 84:3

25일 (하나님의 일하심)	시 33: 11 / 엡 1:4-5 / 시 107:1.9 / 롬 3:12, 6:6 / 갈5:1 / 벧 2:16 / 고전 7:22 / 시 19:1, 104:31 / 롬 4:17 / 시36:6-7 / 마 10:30, 6:26-30 / 시 97:1 / 롬 11:36 / 딤후 2:13 / 딤전 4:4 / 약 1:13-14
6월 1일 (인간, 그 신비함)	창1:27, 2:7 / 고전 3:16 / 창 1:26, 2:19 / 고전 6:2-3 / 창3:8-11 / 롬3:12,3:3 / 출20:1-2,8-11 / 신26:12-15 / 창3:5-6 / 렘2:19 / 창3:11 / 엡2:2 / 약1:13-15 / 창3:10, 16-19 / 롬5:12 / 창 3:15 / 요 3:16 / 엡 2:8
8일 (예수 그리스도)	마 1:21 / 요 1:29 / 눅 2:10-11 / 히 4:15 / 마 2:10- 11 / 눅 2: 20,37 / 마 1:21 / 마 16:16 / 골 1:15-17 / 마 22:37-40 / 신 21:22-23 / 갈 3:13-14 / 사 53: 4-6 / 롬 5:10 / 눅 13:27 / 왕상 17:21-24 / 요 11:25-26, 43-44 / 마 9:18,25 / 마 28: 6-7 / 행 2:31-32 / 행 2:36 / 계 5:11-14 / 요 14: 2-3, 16-17, 15-26 / 요 14:18 / 행 1:11 / 살전 4:16-17 / 계 7:17, 22:12,
15일 (성령, 예수님의 영)	행 2: 2-4, 7-8 / 롬 8:9,16 / 갈 4:6 / 고전 12:3 / 겔36:26-27 / 겔37: 5, 9-10 / 요 7:37-39, 16: 13-14, 22 / 요 14: 12, 16-17 / 행1:8 / 롬 8:26 / 계 3:6 / 히 4:12 / 엡 5:15-6:9, 12-17 / 갈 5: 16,22-24
22일 (구원이란 무엇인가)	롬 3:21-24, 5:17, 21 / 엡 2: 3-4, 7 / 롬 3:9-18 / 엡2:1 / 전 7:20 / 딛 3:5 / 엡 2:8 / 요 3:16 / 고 후 5:17 / 벧후 1:4 / 눅 15:17, 18-19 / 요 3:14-15 (참고, 민21:4-9) / 롬 1:17 / 눅 15:20-24 / 롬3:24 / 마:5:13-16 / 벧전 2:9-10 / 롬 6:2-4, 13 / 마 22:37-40 / 요6:39 / 빌 1:6
29일 (교회란 무엇인가)	마 16:16-18 / 행 20: 28 / 골 1:18 / 눅 18:16 / 롬 15: 1-3 / 마 18:8 / 히 5: 12-14 / 딤전 4:6 / 마 7:15 / 시29:2 / 욥 1:20 / 시 132:7 / 롬 12:1-2 / 요 13:34 / 요일4:11 / 엡 2:22 / 요 13:35 / 롬 12:15 / 요일 3:17 / 눅10:25-37 / 마 5:39-44 / 사 41:17 / 롬 10:1

7월 6일 (은혜로 사는 삶)	느 8: 5-12 / 행 17: 11 / 삼상 1: 18-19, 15:22-23 / 눅 1:30-38 / 마 4:3-4 / 시 119: 105 / 요 5:39 / 수 1:7-8 / 시 119:97-100 / 딤후 3:15-17 / 마 26: 26-28 / 고전 10:17, 11:23-26, 33-34 / 레 15:5-12 / 겔 36:25 / 갈3:27 / 골 2:12 / 시 5:3 / 대하 7:1-2 / 마 6: 5,7,9, 7:7-11 / 마 6:9-13 / 딤전 4:5 / 요 14:14 / 약 4:2-3 / 수 10:12-14 / 엡 6:18
20일 (죽음과 천국)	창 2: 16-17, 3:6-8, 14-19 / 요 5:29 / 전 12:14 / 계 11:18 / 마10:28 / 막 9:47-49 / 눅 16:24-26 / 계 20:10 / 사 65: 17 / 벧후 3:13 / 계 21:4, 22-27 / 마 12: 28, 24:36 / 살후 2:2 / 벧후 3:10 / 마 3:2 / 벧후 3:9 / 마 25:21, 40 / 겔 3:17-21

b. 새 신자 말씀묵상, 질문과 나눔

새 신자들은 교리 업그레이드 워크북을 따른 성경본문 읽기를 하고 개인적으로 말씀을 묵상한다. 기독교 교리 교육에 따른 성경본문을 읽어 가는데 도움이 되도록 성경본문을 미리 복사해준다. 새 신자들이 성경을 찾지 않아도 미리 성경본문을 프린트한 성경말씀을 갖고 묵상을 하고 예습과 복습을 하며 말씀에 대한 이해를 돕는다. 그러므로 "기독교의 기본 진리와 그 진리를 향한 질문들에 대한 답을 성경을 찾아 읽음으로 확인"[146]했다. 성경본문을 통해 하나님께서 자신들을 향한 하나님의 사랑을 경험하도록 인도하였다. 성경의 시편기자들은 하나님을 사랑할 이유가 우리 보다 훨씬 적었다. 그러나 그들은 오직 그곳에서만 보금자리를 얻은 새처럼 쉴 수 있었다.(시 84:3). 주의 집에서 즐겁게 보낸 한 날이 그들에게는 다른 곳에서 보낸 평생보다 더 나았다.(시편 84:10) 라

---

146) 위의 책, 65.

고 고백한다. 그러므로 새 신자 교리 훈련을 통해 만족이 없는 삶의 자리
에 하나님의 약속의 말씀을 통해 주님의 교회안에서 인간의 진정한 쉼
과 만족이 있음을 경험하게 함으로 교회의 소속감을 갖고 정착할 수 있
도록 인도한다. 다음은 5월 4일 주일부터 7월 20일까지의 새 신자 교리
교육에 대한 성경자료와 질문과 나눔이다.

c. 새 신자 교리 훈련과정

1) "성경이란무엇인가"(5월4일)

★appetizer

① 가장 기억에 남는 책에 대해 이야기 해 볼까요?

　　읽은 때와 장르, 분량이나 주제, 마지막으로 기억에 남는 이유 등
　　을 구별하여 설명하면 나누기에 더욱 편할 것 같네요.

② 싫어하는 종류의 책이 있나요?

　　그 종류와 이유를 나누어 볼까요?

③ 성경을 읽어본 적이 있나요?

　　처음 읽을 때 어떤 느낌이 들던가요? 지금은요?[147]

★main dish

2) 성경은 어떤 권위를 가지는가?

① 세계의 대표적인 종교들에는 모두 경전이 있습니다.

　　그 경전들은 무엇인가요?

　　불교, 유교, 이슬람교, 기독교.

---

147) 위의 책, 4.

② 모든 종교인들은 자신들의 경전을 매우 중요하게 여깁니다.
왜 그럴까요?

③ 성경은 하나님의 입으로부터 나온 말씀입니다.
그렇다면 성경의 권위는 어디서부터 오는 것일까요?
(디모데후서 3:16) 모든 성경은 하나님의 감동으로 된 것으로
교훈과 책망과 바르게 함과 의로 교육하기에 유익하니

3)성경은 왜 필요 한가

① 하나님의 말씀이 왜 굳이 문자로 기록되어야 했을까요?[148]
(요한계시록 22:18-19) 내가 이 두루마리의 예언의 말씀을 듣는 모
든 사람에게 증언하노니 만일 누구든지 이것들 외에 더하면 하나
님이 이 두루마리에 기록된 재앙들을 그에게 더하실 것이요 만일
누구든지 이 두루마리의 예언의 말씀에서 제하여 버리면 하나님이
이 두루마리에 기록된 생명나무와 및 거룩한 성에 참여함을 제하
여 버리시리라

② 하나님은 우리에게 성경을 늘 가까이 하라고 말씀하십니다.
우리에게 성경은 왜 필요한 것일까요?[149]
(신명기 6:6-9) 오늘 내가 네게 명하는 이 말씀을 너는 마음에 새기
고 네 자녀에게 부지런히 가르치며 집에 앉았을 때에든지 길을 갈
때에든지 누워 있을 때에든지 일어날 때에든지 이 말씀을 강론할
것이며 너는 또 그것을 네 손목에 매어 기호를 삼으며 네 미간에 붙
여 표로 삼고 또 네 집 문설주와 바깥문에 기록 할지니라
(여호수아 1:8-9) 이 율법 책을 네 입에서 떠나지 말게 하며 주야로
그것을 묵상하여 그 안에 기록된 대로 다 지켜 행하라 그리하면 네

---

148) 위의 책, 6.
149) 위의 책, 6.

길이 평탄하게 될 것이며 네가 형통하리라 내가 네게 명령한 것이
아니냐 강하고 담대하라 두려워하지 말며 놀라지 말라 네가 어디로
가든지 네 하나님 여호와가 너와 함께 하느니라 하시니라

(시편 1:1-3) 복 있는 사람은 악인들의 꾀를 따르지 아니하며 죄인
들의 길에 서지 아니하며 오만한 자들의 자리에 앉지 아니하고 오
직 여호와의 율법을 즐거워하여 그의 율법을 주야로 묵상 하는 도
다 그는 시냇가에 심은 나무가 철을 따라 열매를 맺으며 그 잎사
귀가 마르지 아니함 같으니 그가 하는 모든 일이 다 형통하리로다

(디모데후서 3:16-17) 모든 성경은 하나님의 감동으로 된 것으로
교훈과 책망과 바르게 함과 의로 교육하기에 유익하니 이는 하나
님의 사람으로 온전하게 하며 모든 선한 일을 행할 능력을 갖추게
하려 함이라

4)성경만으로 정말 충분 한가

① 진리를 알아가고 궁극적으로 구원을 받기 위해서는 성경만 알면
되는 것일까요? 다른 책들이 말하는 진리들도 다 알아야 하는 것
은 아닐까요?[150]

(시편 119:96) 내가 보니 모든 완전한 것이 다 끝이 있어도 주의 계
명들은 심히 넓으니이다

② 성경이 생활에 필요한 모든 말씀을 일일이 기록하고 있는 것이
아니라면, 우리 삶을 이해하는 데 과연 성경만으로 충분할까요?
성경을 읽으면 내 상황에 대한 하나님의 뜻을 알고 확신 할 수
있을까요?[151]

(시편 119:105) 주의 말씀은 내 발에 등이요 내 길에 빛이니이다

(잠언 1:7-9) 여호와를 경외하는 것이 지식의 근본이거늘 미련한
자는 지혜와 훈계를 멸시하느니라 내 아들아 네 아비의 훈계를 들

---

150) 위의 책, 6.
151) 위의 책, 7.

으며 네 어미의 법을 떠나지 말라

이는 네 머리의 아름다운 관이요 네 목의 금 사슬이니라.

(잠언 3:5-6) 너는 마음을 다하여 여호와를 신뢰하고 네 명철을 의
지하지 말라 너는 범사에 그를 인정하라 그리하면 네 길을 지도하
시리라

5)성경은 명료하게 이해될 수 있는가

① 성경을 읽는 동안 '내가 바르게 이해하고 있는 것인가' 라고 생각
할 수 있습니다. 성경은 과연 나의 지혜로 바르게 이해될 수 있을
까요? 어떻게 하면 성경을 정확하게 이해할 수 있을까요?152)

(시편 119:18) 내 눈을 열어서 주의 율법에서 놀라운 것을 보게 하
소서

(아가 5:2) 내가 잘지라도 마음은 깨었는데 나의 사랑하는 자의 소
리가 들리는구나 문을 두드려 이르기를 나의 누이, 나의 사랑, 나의
비둘기, 나의 완전한 자야 문을 열어 다오 내 머리에는 이슬이, 내
머리털에는 밤이슬이 가득하였다 하는구나.

(요한일서 2:27) 너희는 주께 받은 바 기름 부음이 너희 안에 거하
나니 아무도 너희를 가르칠 필요가 없고 오직 그의 기름 부음이 모
든 것을 너희에게 가르치며 또 참되고 거짓이 없으니 너희를 가르
치신 그대로 주 안에 거하라

② 성경을 읽을 때 주의해야 할 것이 있다면 무엇일까요? 어떤 태도
로 성경을 읽어야 할까요?153)

(사무엘상 15:22) 사무엘이 이르되 여호와께서 번제와 다른 제사를
그의 목소리를 청종하는 것을 좋아하심 같이 좋아 하시겠나이까 순

---

152) 위의 책, 7.
153) 위의 책, 8.

종이 제사보다 낫고 듣는 것이 숫양의 기름보다 나으니

(베드로후서 3:16) 또 그 모든 편지에도 이런 일에 관하여 말하였으되 그 중에 알기 어려운 것이 더러 있으니 무식한 자들과 굳세지 못한 자들이 다른 성경과 같이 그것도 억지로 풀다가 스스로 멸망에 이르느니라.

윤상덕에 의하면 유진 피터슨,(이 책을 먹으라) 중에서 성경이란 무엇인가에 대해 이렇게 설명하고 있다.

★dessert

우리는 이 책을 '계시'라고 부른다. 하나님이 자기 자신과 자신의 길을 계시하셨다. 우리에게 무엇인가를 알려 주시기보다 자기 자신을 보여 주신 것이다. 책에는 저자가 있다. 성경에 나오는 말들이 어떤 방식으로 기록되어 있는지에 대해 우리가 어떻게 알고 있건, 기독교회는 하나님이 이 책을 다루시는 방식이 단순히 정보의 차원이 아니라 계시의 차원이라는 입장을 늘 고수해 왔다. 성경의 권위는 하나님의 임재로부터 직접 파생된다. 다시 말해서 이것은 비인격적인 권위, 즉 사실이나 진실들의 집합이 아닌 것이다. 이것은 법전에 성문화된 법률과 관계되는 학자적 권위도 아니고 수학교과서가 가지는 사실적 권위도 아니다. 이것은 인격적으로 전달된 계시인 것이다. 이 계시는 우리를 어떤 일에 참여시키며, 하나님의 형상으로 창조된 인간으로서 사는 것의 의미를 인격 대 인격으로 알려준다.[154]

---

154) 위의 책, 9.

하나님은 누구신가? 5월 18일

★appetizer

'하나님' 이라는 단어를 들으면 가장 먼저 떠오르는 이미지(인물, 우주, 색감 등에 관계없이)는 무엇인가요? 왜 그런 이미지가 떠오르나요?

창조론과 진화론에 대해 아는 대로 말해볼까요? 어느 이론이 더 개연성이 있다고 생각하나요?

외계인이나 UFO의 존재에 대해 어떻게 생각하나요?

★main dish

우주에 충만하신 하나님

① 거대한 폭소 소리로 가득한 계곡, 가을 단풍으로 가득한 산들처럼 소리나 색으로 채워진 곳에 있었던 기억을 떠올려봅시다. 하나님은 그렇게 온 우주를 충만하게 채우시는 분이십니다. 하나님의 충만하심이 우리에게 주는 유익이 무엇일까요?[155]

(시편 139:7-10) 내가 주의 영을 떠나 어디로 가며 주의 앞에서 어디로 피하리이까 내가 하늘에 올라갈지라도 거기 계시며 스올에 내 자리를 펼지라도 거기 계시니이다 내가 새벽 날개를 치며 바다 끝에 가서 거주할지라도 거기서도 주의 손이 나를 인도하시며 주의 오른손이 나를 붙드시리이다

(요나 2:1-9) 요나가 물고기 뱃속에서 그의 하나님 여호와께 기도하여 이르되 내가 받는 고난으로 말미암아 여호와께 불러 아뢰었

---

155) 위의 책, 11.

더니 주께서 내게 대답하셨고 내가 스올의 뱃속에서 부르짖었더니
주께서 내 음성을 들으셨나이다. 주께서 나를 깊음 속 바다 가운데
에 던지셨으므로 큰물이 나를 둘렀고 주의 파도와 큰 물결이 다 내
위에 넘쳤나이다. 내가 말하기를 내가 주의 목전에서 쫓겨났을지
라도 다시 주의 성전을 바라보겠다하였나이다. 물이 나를 영혼까
지 둘렀사오며 깊음이 나를 에워싸고 바다풀이 내 머리를 감쌌나이
다. 내가 산의 뿌리까지 내려갔사오며 땅이 그 빗장으로 나를 오래
도록 막았사오나 나의 하나님 여호와여 주께서 내 생명을 구덩이에
서 건지셨나이다. 내 영혼이 내 속에서 피곤할 때에 내가 여호와를
생각하였더니 내 기도가 주께 이르렀사오며 주의 성전에 미쳤나이
다. 거짓되고 헛된 것을 숭상하는 모든 자는 자기에게 베푸신 은혜
를 버렸사오나 나는 감사하는 목소리로 주께 제사를 드리며 나의
서원을 주께 갚겠나이다. 구원은 여호와께 속하였나이다하니라.

영원하신 하나님

② 사람들과의 약속은 파기되는 경우가 있습니다. 당사자가 더 이상
약속을 지킬 수 없을 때입니다. 온 우주에 충만하신 하나님이 영
원하시다면 하나님의 약속은 파기될 수 없습니다. 하나님의 영원
하심이 우리에게 주는 교훈은 무엇일까요?[156]
(사무엘상 15:29) 이스라엘의 지존 자는 거짓이나 변개함이 없으
시니 그는 사람이 아니시므로 결코 변개하지 않으심이니이다 하니
(로마서 11:29-31) 하나님의 은사와 부르심에는 후회하심이 없느
니라. 너희가 전에는 하나님께 순종하지 아니하더니 이스라엘이
순종하지 아니함으로 이제 긍휼을 입었는지라 이와 같이 이 사람
들이 순종하지 아니하니 이는 너희에게 베푸시는 긍휼로 이제 그
들도 긍휼을 얻게 하려 하심이라

---

156) 위의 책, 11.

③ 영원하신 하나님의 기억 역시 영원합니다. 그렇다면 사람들의 죄
악 역시 영원토록 기억하실까요?[157]
(시편 32:3-4)내가 입을 열지 아니할 때에 종일 신음하므로 내 뼈
가 쇠하였도다 주의 손이 주야로 나를 누르시오니 내 진액이 빠져
서 여름 가뭄에 마름 같이 되었나이다
(사무엘상 15:2-3) 만군의 여호와께서 이같이 말씀하시기를 아말
렉이 이스라엘에게 행한 일 곧 애굽에서 나올 때에 길에서 대적한
일로 내가 그들을 벌하노니
지금 가서 아말렉을 쳐서 그들의 모든 소유를 남기지 말고 진멸하
되 남녀와 소아와 젖 먹는 아이와 우양과 낙타와 나귀를 죽이라 하
셨나이다 하니

④ 한 번 지은 죄를 영원히 기억하신다는 말은 회개한 사람의 죄까
지 기억하신다는 뜻일까요? 내가 예수님을 믿기 전에 지은 죄가
예수님을 믿은 이후에도 나를 정죄할까요?[158]
(시편 103:12,17) 동이 서에서 먼 것 같이 우리의 죄과를 우리에게
서 멀리 옮기셨으며 여호와의 인자하심은 자기를 경외하는 자에게
영원부터 영원까지 이르며 그의 의는 자손의 자손에게 이르리니
(이사야 44:22) 내가 네 허물을 빽빽한 구름 같이, 네 죄를 안개 같
이 없이하였으니 너는 내게로 돌아오라 내가 너를 구속하였음이
니라.

사랑의 하나님
⑤ 하나님의 사랑은 신자들에게만 제한이 되는 것일까요? 아니면
모든 피조물에게 공평하게 주어지는 것일까요?159)

---

157) 위의 책, 12.
158) 위의 책, 12.
159) 위의 책, 12.

(마태복음 5:45) 이같이 한즉 하늘에 계신 너희 아버지의 아들이 되리니 이는 하나님이 그 해를 악인과 선인에게 비추시며 비를 의로운 자와 불의한 자에게 내려주심이라 (요나 4:10-11) 여호와께서 이르시되 네가 수고도 아니 하였고 재배도 아니 하였고 하룻밤에 났다가 하룻밤에 말라 버린 이 박넝쿨을 아꼈거든 하물며 이 큰 성읍 니느웨에는 좌우를 분변하지 못하는 자가 십이만여 명이요 가축도 많이 있나니 내가 어찌 아끼지 아니하겠느냐 하시니라.

(시편 84:3) 나의 왕, 나의 하나님, 만군의 여호와여 주의 제단에서 참새도 제 집을 얻고 제비도 새끼 둘 보금자리를 얻었나이다

⑥ 사랑이라는 말에는 다양한 이야기들이 담겨있습니다. 부모님의 자식 사랑, 연인들끼리의 사랑, 스승과 제자간의 사랑 등, 그러면 인류의 구원을 위한 하나님의 사랑은 어떤 모습일까요?[160]

(이사야 1:4-6) 슬프다 범죄 한 나라요 허물 진 백성이요 행악의 종자요 행위가 부패한 자식이로다. 그들이 여호와를 버리며 이스라엘의 거룩하신 이를 만홀히 여겨 멀리하고 물러갔도다. 너희가 어찌하여 매를 더 맞으려고 패역을 거듭하느냐 온 머리는 병들었고 온 마음은 피곤하였으며 발바닥에서 머리까지 성한 곳이 없이 상한 것과 터진 것과 새로 맞은 흔적뿐이거늘 그것을 짜며 싸매며 기름으로 부드럽게 함을 받지 못하였도다.

(로마서 5:6-8) 우리가 아직 연약할 때에 기약대로 그리스도께서 경건하지 않은 자를 위하여 죽으셨도다. 의인을 위하여 죽는 자가 쉽지 않고 선인을 위하여 용감히 죽는 자가 혹 있거니와 우리가 아직 죄인 되었을 때에 그리스도께서 우리를 위하여 죽으심으로 하나님께서 우리에 대한 자기의 사랑을 확증하셨느니라.

---

160) 위의 책, 13.

거룩하신 하나님

⑦ 하나님은 거룩하신 분으로서 죄를 용납하지 않으십니다. 온 우
주에 충만하시고 영원하신 하나님이 죄를 기뻐하신다면, 세상은
지옥이 되고 말 것입니다. 그러므로 하나님의 거룩하심은 우리
가 찬양해야 할 이유입니다. 지금 거룩하신 하나님을, 심판하시
는 하나님을 찬양하고 있나요?[161]

(시편 96:12-13) 밭과 그 가운데에 있는 모든 것은 즐거워 할지로
다. 그 때 숲의 모든 나무들이 여호와 앞에서 즐거이 노래하리니
그가 임하시되 땅을 심판하러 임하실 것임이라 그가 의로 세계를
심판하시며 그의 진실하심으로 백성을 심판 하시리로다

⑧ 하나님의 거룩하심이 진노로 나타난 곳은 십자가였습니다. 십자
가를 묵상해봅시다.[162]

(신명기 21:22-23) 사람이 만일 죽을죄를 범하므로 네가 그를 죽여
나무 위에 달거든 그 시체를 나무 위에 밤새도록 두지 말고 그 날에
장사하여 네 하나님 여호와께서 네게 기업으로 주시는 땅을 더럽히
지 말라 나무에 달린 자는 하나님께 저주를 받았음이니라.

(갈라디아서 3:13) 그리스도께서 우리를 위하여 저주를 받은바 되
사 율법의 저주에서 우리를 속량하셨으니 기록된바 나무에 달린 자
마다 저주 아래에 있는 자라 하였음이라.

(요한복음 1:29) 이튿날 요한이 예수께서 자기에게 나아오심을 보
고 이르되 보라 세상 죄를 지고 가는 하나님의 어린 양이로다.

★dessert
대신 우리에게(적어도 저에게) 더 필요하다고 생각되는 것에 대
해 강조하려고 합니다. 바로 우리가 시편에서 만나는, 하나님을 향
한 기쁨과 즐거움이 그것입니다. 느슨하게 든 긴밀하게 든 기쁨과

161) 위의 책, 13.
162) 위의 책, 13.

즐거움은 늘 성전과 연결된 것이었습니다. 유대교의 살아 있는 중심은 바로 여기에 있습니다. 시인들에게는 하나님을 사랑할 이유가 우리 보다 훨씬 적었습니다. 그들은 하나님이 자신들에게 영원한 기쁨을 주셨다는사실을 몰랐습니다. 그 영원한 기쁨을 주시고자 그분이 죽음도 감수하실 것이라는 사실에 대해서는 더욱 더 몰랐습니다. 그럼에도 시편 기자들의 시에는 그분의 현존을 향한, 그분을 너무도 간절히 사모하는 마음이 표현되어 있습니다.

그들은 평생을 성전에서 "여호와의 아름다움을 바라보며" 살고 싶어 했습니다(시편27:4). 예루살렘에 올라가 하나님의 얼굴을 뵙기 원했던 그들의 갈망은 마치 육체적인 갈증과도 같았습니다.

(시편 42:2) 그들에게 예루살렘은 그분의 현존이 '온전히 아름다운' 빛을 발하는 곳이었습니다.

(시편 50:2). 그 분을 만나지 못했을 때 그들의 영혼은 마치 물 없이 바싹 마른 황폐한 땅과 같았습니다(시편 63:1). 그들은 "주의 성전의 아름다움으로 만족"하기를 갈망했습니다.(시편 65:4). 그들은 오직 그곳에서만 보금자리를 얻은 새처럼 쉴 수 있었습니다.(시 84:3). 주의 집에서 즐겁 게 보낸 한날 이 그들에게는 다른 곳에서 보낸 평생보다 더 나았습니다(시편84:10).

새 신자들은 성경본문이 제공된 자료와 함께 성경본문에 대한 참여적 읽기를 위한 질문지를 가지고 개인적으로 본문을 묵상하고 교리공부에 참여한다. 성경본문에 대한 읽기를 위한 질문지의 내용은 아래와 같다.

성경본문에 대한 새 신자의 이해

1) 준비과정	2) 성경본문 읽기와 대화
본문을 새 신자들이 직접 읽고 공부하며 나눔을 할 수 있도록 떠오르는 느낌과 생각과 질문 등을 노트에 기록하기	**-기독교의 진리를 다루고 있는 본문 읽기** ① 성경본문의 말씀에 대해 당신은 어떻게 생각하는가? ② 성경본문 의 말씀에 대해서 당신은 어떻게 반응하며 이야기 하겠는가?
	-새 신자 교리공부를 시작하면서 본문에 대해 처음 알게 되는 것에 대해 질문하고 확인하며 읽기 ① 본문을 읽어가면서 당신에게 충격이나 깨달음을 주는 것은 어떤 것인가? ② 본문을 읽어가면서 이해 할 수 없는 말씀이 나와서 당신에게 충격이나 거부감을 주는 것은 어떤 것인가? 그러한 본문 말씀 때문에 무엇을 느꼈는가? ③ 본문에서 당신의 마음에 와 닿는 진리의 말씀은 어떤 것이 있었는가? 어떤 느낌을 주는가?
	-하나님의 관점과 관계하며 읽기 ① 하나님께서 본문을 통해 말하고자 하는 것은 무엇인가? 그에 대해서 당신은 무엇이라고 응답하겠는가?

d. 새 신자를 위한 예배순서와 설교요약

1) 새 신자를 위한 본문 및 제목

12주 새 신자 훈련 과정 속에서 교리교육을 10주를 하고 2주는 가능하면 새 신자에게 복음을 경험할 수 있도록 복음의 핵심말씀에 따라 요한복음과 세상의 염려 속에 살던 새 신자들이 복음을 경험하고 아무것도 염려하지 않고 하나님을 신뢰하며 살아갈 수 있는 본문 가운데 빌립보서 말씀을 선택했다.

① 요한복음 3장 16-17절 하나님이 세상을 이처럼 사랑하사

② 빌립보서 4장 6-7절 아무것도 염려하지 말고

2) '새 신자가 함께 드리는 예배'의 예배 순서는 기존 예배 형식과는 달리 참여 중심적으로 조금 짧게 기획하였는데 예배 순서는 다음과 같다.

-경배와 찬양 / 모두가 함께 찬양한다.

-예배로 부름 심 / 인도자

-찬송 / 20장

-신앙고백 / 사도신경

-성시교독 / 12번(시 19편)

-찬송 / 50장

-기도 / 임병각집사.

-성경봉독 / 요한복음 3장 16-17절 (박연임권사)

첫 번째 설교는 요한복음 3장 16-17절 본문으로 "하나님이 세상을 이처럼 사랑하사"라는 제목으로 다음과 같이 설교(요약)했다.

하나님께서 세상 사람들을 너무나 사랑하셔서 하나님의 아들 독생자 예수 그리스도를 이 세상에 보내주셨으며 그를 믿는 자마다 영생을 주시려는 뜻이 있기에 여러분을 주님의 집(교회)으로 초대했습니다. 그리고 복음을 경험하게 하시려고 하나님의 말씀을 듣게 하신 것입니다.

예수님은 여러분의 죄를 사하여 주시기 위해 여러분이 지은 죄를 대신해서 십자가에 매달리셨습니다. 죄로 말미암아 우리가 매달여야 할 저주의 십자가에서 우리를 대신해서 죽으신 것입니다. 하나님께서 여러분을 얼마나 사랑하셨는지 아십니까? 하나님께서 예수 그리스도를 십자가에서 죽게 하심은 인간을 향한 하나님의 사랑을 표현하신 것입니다. 그러므로 하나님께서 보여준 십자가의 사랑은 세상을 향한 하나님의 사랑의 최고의 극치라고 말합니다. 그 사랑을 깨닫게 되면 인간의 어떠한 욕구도 모두 충족됩니다. 그러므로 하나님의 사랑을 경험하게 되면 인간의 만족이 느껴지는 것입니다.

그 하나님의 사랑의 초대에 여러분의 마음 문을 열고 주님을 나의 구주로 영접하기를 바랍니다. 이 세상 그 어디에서도 받을 수 없는 그 하나님의 진정한 아가페 사랑, 영원한 사랑을 선포하며 새 신자들의 눈높이에 맞추어 자신들을 향한 하나님의 사랑을 새 신자들이 충분히 이해할 수 있도록 그리고 복음을 경험할 수 있도록 초등학교 5학년이면 이해할 수 있도록 설교를 전달했다.

-설교후기도 / 설교자

-응답하는 찬송 / 311장

-찬송 / 430장

-축도 / 담임목사가 축도한다.

-교제와 광고 / 서로 인사하고 축복하며, 새 신자를 환영하고,

격려했다.

3) 새 신자와 함께 드리는 예배순서와 말씀요약 (7월 13일)

-경배와 찬양 / 회중모두가 함께 찬양한다.

-예배로 부름 심 / 인도자

-찬송 / 38장

-신앙고백 / 사도신경

-성시교독 / 12번(시 19편)

-찬송 / 621장

-기도 / 김명숙권사.

-성경봉독 / 빌립보서 4장 6-7절 (김광진 집사)

두 번째 설교는 빌립보서 4장 16-17절을 본문으로 "아무것도 염려

하지 말라"라는 제목으로 다음과 같이 설교(요약)했다.

우리는 하나님을 믿는 사람들입니다. 하나님을 믿는다는 것은 하나

님이 천지를 창조하신 전능하신 창조주 하나님이시라는 것과 그 하나님

이 우리를 사랑하시되 우리를 구원하시기 위하여 독생자 예수 그리스도를 십자가에 죽게 하시기만큼 우리를 사랑하시는 하나님이시라는 것을 믿는 것입니다. 그리고 그와 같은 사실을 마음으로 믿고 입으로 시인하여 구원 받았다는 사실을 믿는 것입니다.

오늘 하나님의 말씀은 "아무것도 염려하지 말라"는 것입니다. 무에서 유를 창조하신 하나님을 믿을 때 우리는 염려를 떨쳐버릴 수 있습니다. 지금도 우주 만물을 지배하시는 전능자를 믿어야 지각에 뛰어나신 하나님의 평강이 우리 마음과 생각을 지켜 주심을 경험하게 됩니다. 그러므로 성경은 우리에게 끊임없이 염려하지 말라고 말씀하시는 것입니다. 그래서 예수님도 우리에게 무엇을 먹을까 무엇을 입을까 무엇을 마실까 염려하지 말라고 말씀하십니다. 염려는 이방인들 즉 하나님을 믿지 않는 사람들이 하는 것이라고 말씀하셨습니다. 믿음은 염려하지 않는 것이라고 우리에게 말씀하셨습니다.

전능하신 하나님, 무소부재하신 하나님을 신뢰하고 주님을 나의 구주로 영접하기를 바랍니다. 하나님의 전능하심이 믿어지면 하나님의 능력이 믿어지고 세상에서 아무것도 염려하지 않고 전능자 하나님을 믿고 살아갈 수 있는 길을 발견하게 된다는 것을 설교했습니다. 새 신자들의 눈높이에 맞추어 새 신자들을 향한 전능하신 하나님을 믿고 염려 없이 살아가는 삶을 새 신자들이 충분히 이해할 수 있도록 설교를 전달했다.

-설교후기도 / 설교자

-응답하는 찬송 / 311장

-찬송 / 430장

-축도 / 담임목사가 축도한다.

-송영 / 찬양대가 송영을 부른다.

-교제와 광고 / 서로 인사하고 축복하며, 새 신자를 환영하고, 격려했다.

이상과 같이 예배 순서에서 알 수 있듯이 새 신자들이 예배에 대해 사모함이 일어날 수 있도록 최대한 예배의 순서를 간결하게 했으며 새 신자들의 눈높이에 맞추어 시도한 예배이기에 무리하게 시도하지는 않았다. 또한 주일 날 대 예배 후 새 신자들만이 드리는 40분간의 예배시간에 선포되는 설교는 복음을 경험하기에 매우 유익했다. 그러므로 새 신자 예배를 통해 자신을 향한 하나님의 사랑에 대한 소중함을 알게 되었다.

e. 새 신자 위원이 해야 할 사역

(2014.6.29 오전 11시 목양 실에서 교육)

1) 새 신자는 신앙이 연약한 상태이므로 시험에 들거나 올무에 빠질 위험이 높다. 그렇기에 신앙의 선배이자 새 신자 위원의 돌봄이 절대적으로 필요하다.

요한복음 17장 15절의 의하면 "내가 비옵는 것은 그들을 세상에서

데려가시기를 위함이 아니요 다만 악에 빠지지 않게 보전하시기를 위함이니이다"라고 하였다. 그러므로 새 신자 위원의 중요한 사역은 새 신자들이 시험에 들거나 악에 빠지지 않도록 관심을 갖아야 한다. 그러므로 새 신자 위원이 새 신자를 전담하게 되면 영적인 성장에 있어서 새 신자를 그냥 방치해 두는 것보다 훨씬 더 도움이 된다.

데살로니가전서 2장 11-12절에 의하면 "너희도 아는 바와 같이 우리가 너희 각 사람에게 아버지가 자기 자녀에게 하듯 권면하고 위로하고 경계하노니 이는 너희를 부르사 자기 나라와 영광에 이르게 하시는 하나님께 합당하게 하려 함이라"고 한다. 그리고 새 신자를 돌보다 보면 새 신자 위원 자신의 신앙도 성장하는 것을 경험하게 된다. 또한 디모데전서 4장 16절에 의하면 "네가 네 자신과 가르침을 살펴 이 일을 계속하라 이것을 행함으로 네 자신과 네게 듣는 자를 구원하리라" 한다.

2)새 신자 위원이 갖추어야 할 조건에는 구원의 확신이 있어야 한다. 히브리서 10장 39절에 의하면 "우리는 뒤로 물러가 멸망할 자가 아니요 오직 영혼을 구원함에 이르는 믿음을 가진 자니라"고 한다. 새 신자 위원들은 구원의 확신이 필수 조건이다. 그리고 새 신자 위원들이 갖추어야 할 조건은 정죄하는 자가 되어서는 안 된다. 디도서 3장 2절에 의하면 "아무도 비방하지 말고 다투지 말며 관용하며 범사에 온유함을 모든 사람에게 나타낼 것을 기억하게 하라"고 한다. 그러므로 기쁜 마음으로 섬기기를 주께 하듯 하고 사람들에게 하듯 하지 말아야 한다. 에베소서 6장 7절에 의하면 "기쁜 마음으로 하나님의 뜻을 행하고"라고 한다.

f. 새 신자 위원이 하는 새 신자 점검과 관심.

1) 일정기간동안 정기적으로 새 신자를 전화 심방을 하며 신앙상태를 체크한다. 지속적으로 관심을 갖고 있다는 것을 새 신자들에게 느껴지도록 진정성있는 대화가 이루어져야 한다. 새 신자들이 어떤 특성을 가지고 있는지 파악해야한다. 어떤 유형을 가지고 있는지 알고 새 신자에게 다가갈 때 그들의 필요를 채워 줄 수 있다. 전화 심방 말고도 이메일로 교제를 하며 점검을 하고, 밴드와 카톡을 통해 새 신자 신앙상태를 점검해야 한다. 그리고 새 신자 위원의 중요한 사역은 새 신자를 향한 사랑의 관심이다. 그러므로 새 신자를 위해 안부와 관심을 편지 안에 적어 보낸다. 새 신자의 마음을 두드리는 도구가 될 것이다. 그리고 오늘의 말씀 묵상을 새 신자에게 안부인사와 함께 문자를 보냄으로 새 신자들에게 관심과 사랑을 표현한다. 새 신자를 생각하는 마음으로 부담 갖지 않을 정성이 담긴 작은 선물을 한다. 또한 새 신자와 편안히 식사하면서 오늘 하루 가까워지는 시간을 만들어 본다. 그리고 새 신자를 위해 감동이 있는 좋은 글이나 재미있는 이야기를 아름다운 엽서로 보내준다.

2) 새 신자의 신앙과 가족과 일상을 위해 늘 기도해 준다

새 신자를 위한 중보기도는 매우 중요하다. 새 신자들은 영적 신생아다. 어느 가정에 아기가 태어났을 때 그 가정은 기쁨이 넘치게 된다. 그러므로 새로 태어난 생명을 반갑게 맞이하고, 생명을 보존할 수 있도록 관심을 갖고 돌보는 일은 아이를 맞이하는 가족들의 몫이다.

아기는 자기를 낳은 어머니의 가슴을 찾으면서 동시에 가족들의 사랑의 깊은 돌봄을 받으며 자라게 된다. 육체적인 생명의 성장과 양

육은 영적인 생명에 있어서도 동일하다. 성경은 하나님께서 사람을 세우시는 방법을 보여주고 있는데, 언제나 하나님의 방법에는 사람이 쓰여 졌다는 사실에 주목하게 된다. 성경의 기록에서 사람은 늘 하나님의 일하심에 대한 도구였다. 그렇다면, 지옥불로 끌려가던 한 사람이 하나님의 구원하심에 예정되어 예수님을 구주로 믿고 하나님의 자녀로 영생을 얻게 되었다면 우리는 이 새 생명의 양육에 대하여 헌신할 준비를 해야 한다. 이 생명의 성장과 양육을 위해서 누가, 어떤 자리에서 쓰여 질 줄 모르기 때문이다. 하나님은 쉬지 않으시고 구원의 역사를 이루신다. 이 구원의 역사로 말미암아 태어난 새 생명에 대한 헌신은 우리의 몫이다. 교회에는 늘 새 신자를 맞이하고, 그의 양육을 도울 준비가 되어 있어야 한다. 그리하여 새 신자를 맞이한 그 시간부터 신생아 사역을 해야 한다. 이에 새 신자가 하나님과의 화목한 관계를 누리고, 교회생활을 통해서 그리스도인으로 양육되어 지는 기간 동안에 그를 위하여 중보할 기도의 모범적인 간구가 필요하게 되었다.[163)

2) 새 신자의 신앙과 가족과 일상을 위해 늘 기도해 준다.

3) 새 신자에게 기도, 예배, 봉사, 전도 등을 자세히 가르쳐 주어
   교회생활에 익숙해지도록 도와준다.

g. 새 신자 세례식

새 신자가 교회에 정착하는 데에는 담임목사의 설교가 가장 중요하다. 그렇지만 더욱 중요한 것은 예배를 통한 설교에 담겨진 강력한 복음의 능력이다. 살아있는 복음이 바로 새 신자를 교회에 정착하게 하는 가

---

163) 한치호, 『새 신자 교리 업그레이드 워크북』(서울: 드림북, 2009), 2.

장 중요한 역할을 한다. 필자의 교회를 처음 온 새 신자들은 교회 등록이 후에 예배를 통해 선포되는 하나님의 말씀 속에서 복음을 경험하고, 새 신자 교리 교육 12주를 받으면서 구원의 확신이 생겼다면, 새 신자의 간증을 들어보고, 진정한 신앙고백이 있을 때 세례를 준다.

❶ 새 신자 12주간 교리 교육을 마치고 위원과 함께
❷ 새 신자 세례식을 마치고 당 회원과 함께
❸ 새 신자와 함께 식사
❹ 새 신자 세례식

D_
규범화

위원회를 조직하고, 새 신자 예배를 계획하고, 새 신자 정착을 위한 십계명을 세우고, 새 신자 교리 훈련을 10주간을 계획함으로 3개월 동안 실천하기로 결정하였다. 그리고 설문지를 통한 평가를 한 후에 다음과 같은 새 신자 정착을 위한 규범으로 세웠다.

첫째, 새 신자 교리 워크북에 따른 본문을 새 신자들에게 나누어주고 교리 훈련에 따른 성경본문에 대한 질문 자료를 제공한다.

둘째, 새 신자들이 성경본문을 개인적으로 묵상할 수 있도록 새 신자 교리 워크북을 나누어주고 참여하도록 한다.

셋째, 설교자는 새 신자들이 복음을 경험할 수 있도록 복음의 핵심적인 성경본문 가운데 하나의 본문으로 설교한다.

넷째, 10주간의 교리 훈련모임은 새 신자들과 1시간 정도로 한다.

다섯째, 새 신자 예배는 간결한 예배순서와 복음의 핵심을 선포하는데 40분 정도 소요하게 한다.

여섯째, 3개월 교육한 후에 교회 소속감 고취를 통한 새 신자 정착을 할 수 있도록 함께 소그룹(사랑방)을 결성해서 소그룹 모임을 갖도록 한다.

일곱째, 새 신자 십계명을 세웠다.

1. 교회를 위로, 칭찬, 화목이 가득한 분위기로 만들라. 새 가족 부는 위로의 사람으로 교회분위기를 늘 훈훈하게 이끌어 가야 한다.

2. 예배 후 10분 동안 새 신자를 절대 혼자 있게 만들지 말라. 예배 종료 즉시 훈련받은 새 가족 위원들은 새 신자를 찾아 정중히 인사하고 환영하며 최대한 친절히 영접한다. 본인이 교회의 귀한 손님이라는 사실을 확인시킨다.

3. 따뜻한 마음을 가진 가슴의 사람으로 새 신자를 만나게 하라. 의무적으로 계산된 행동이 아니라 마음으로 친절이 우러나오도록 행동하는 사람이 새 신자를 만나고 지속적으로 관리하도록 한다.

4. 새 신자보다 새 가족 위원들을 먼저 변화시켜라. 교육과 훈련으로 변화된 새 가족 위원들은 새 신자를 교회에 정착하도록 결심시키는 일에 사명을 갖고 최선을 다한다.

5. 새 신자와 교인을 연결하는 중보자가 되라. 예수님이 하나님과 사람 사이를 중보 하듯 대상자를 사랑과 기도로 중보하도록 수시로 교육하고 훈련시킨다.

6. 공감대를 갖는 사람과 일대일로 짝 지워라. 새 신자와 공감대를 갖는 새

가족 위원들의 사역은 짧은 시간에 친근감을 갖고 교회에 정착하도록 한다.

7. 매주 3명의 교인을 소개하라. 새 가족위원들은 12주 동안 중요하게 여기는 교인을 매 주일 3명씩 새 신자에게 소개하며 서로 교제하게 한다.

8. 새 신자 앞에서 담임 목사와 교회를 자랑하라. 목회자 중심, 교회 중심으로 변화된 새 가족 위원들은 담임 목사와 교회를 새 신자에게 자랑하는 사람이다.

9. 새 신자와 짝 짓는 환영실을 꼭 가져라. 새 신자를 환영하는 분위기를 느끼게 잘 장식한 환영실에서 새 가족 위원들과 짝을 짓는 것이 효과적이다.

10. 교회적으로 새 신자 정착 사역에 비중을 두라. 정착사역은 전도와 양육을 연결하는 중심축이라는 것을 교회적으로 인식하고 효과적 조직과 방법을 교회 차원에서 마련해야 한다.[164]

---

164) 바나바교육원 www.bmc153.com

개인적으로 성경을 읽는 것에 대한 훈련이 부족한 새 신자들이 성경본문을 읽는 것이 쉽지 않았던 것 같다. 성경본문을 참여적으로 읽는 방법을 교육하는 것만으로는 새 신자들이 성경본문을 읽게 하는 데 효과적이지 않았다. 새 신자 교리 워크북의 성경본문을 참여적으로 읽고 설교를 듣고 나누게 하기 위해서 새 신자들이 성경을 개인적으로 읽을 수 있도록 훈련하는 것이 선행되었으면 좋았을 것이다.

나가는 말

In Planting
to Grow

아이들에게 미래의 꿈과 희망을…

chapter.6

나가는 말

A_
평가

목사의 평가와 당 회원 평가, 새 신자 위원회의 평가, 회중의 평가, 그리고 새 신자들의 욕구를 충족시키기 위하여 하나님의 말씀을 통해 교리 훈련을 하여 하나님의 사랑을 마음에 담을 수 있었는가를 평가했으며, 또한 위원들의 기도모임에 대하여, 새 신자 위원의 돌봄에 대하여, 새 신자 예배와 새 신자 교리훈련 12주 과정에 대하여, 그리고 새 신자 환영 프로그램과 새 신자 수료식을 평가하려고 한다.

1. 목사의 평가

a. 새 신자 교리 워크북 성경읽기에 대한 평가
새 신자 교리인 성경본문을 개인적으로 묵상하는 것, 성경말씀을 참여적으로 읽는 것은 새 신자 교리 교육에 가장 중요한 과정이다. 새 신자들이 이 교육을 참여하지 않는다면 하나님의 말씀에 대한 이해를 얻을 수 없고 예배를 통해 복음을 경험하는 효과를 기대하기 어렵다. 새 신자들이 기독교 교리인 성경핵심 본문을 개인적으로 읽게 하는 것은 쉬운 일이 아니었다. 성경본문을 개인적으로 읽는 것에 적극적으로 참여한 새 신자들은 대체적으로 그 이후의 과정들에도 의미 있게 참여했고, 예배를 드리며 은혜를 경험하게 되었다는 것을 알 수 있다.

개인적으로 성경을 읽는 것에 대한 훈련이 부족한 새 신자들이 성경본문을 읽는 것이 쉽지 않았던 것 같다. 성경본문을 참여적으로 읽는 방법을 교육하는 것만으로는 새 신자들이 성경본문을 읽게 하는 데 효과적이지 않았다. 새 신자 교리 워크북의 성경본문을 참여적으로 읽고 설교를 듣고 나누게 하기 위해서 새 신자들이 성경을 개인적으로 읽을 수 있도록 훈련하는 것이 선행되었으면 좋았을 것이다.

새 신자 교리 워크북 성경본문을 읽는 것에 도움이 되도록 성경본문만을 미리 복사해 나주어 준 것은 새 신자들에게 도움이 되기도 했지만 새 신자들이 성경본문을 이해하는 데 충분한 설명을 되지 않았다. 그 내용도 새 신자들이 이해하기 어려운 부분이 있었다. 새 신자들이 성경본문을 참여적으로 읽기 위해서는 본문에 대한 설명이 제공되어야 한다. 회중이 보다 쉽게 이해할 수 있는 내용이어야 한다. 새 신자 교리 핸드북의 본문에 대한 설명을 모두 제공하는 데에는 어려움이 있었다. 그러나 인간의 욕구를 충족시키기 위해 하나님의 말씀 이상은 없음을 다시한번 확인할 수 있는 기회가 됐다.

b. 새 신자 예배에 따른 설교에 대한 평가

새 신자를 대상으로 설교하는 것은 설교자에게 쉬운 점도 있고 어려운 점도 있다. 물론 새 신자에게 복음을 경험할 수 있도록 매우 이해하기 쉬운 본문을 정해야 했다. 새 신자에게 성경을 이해시키기 위해서는 그들이 교회에 나오지 않을 때에도 간혹 세상 속에서도 한번쯤을 들었던 하나님의 말씀이어야 한다.

새 신자를 대상으로 설교를 하는 것이 필자에게는 매우 유익한 시간이었다. 새 신자를 위한 메시지는 오직 예수 그리스도를 믿음으로 진리의 길을 살아 갈 수 있으며, 구원의 길은 오직 예수님을 믿음으로 천국을 향해 나아가는 유일한 길이라는 말씀을 설교를 했다. 새 신자들의 눈높이에 맞추어 선포된 하나님의 말씀은 새 신자들에게 복음을 경험할 수 있는 은혜의 시간이며 매우 쉽게 복음의 핵심을 설교하면서도 보지 못했던 새로운 의미들을 발견하는 유익한 시간이었다.

그럼에도 새 신자들의 눈높이를 맞추어 설교하는 것은 쉽지 않았다. 많은 설교자들이 새 신자들에게 복음을 경험할 수 있도록 매우 이해하기 쉬운 설교할 본문을 정하지만 설교자의 전달하는 말씀이 새 신자들에게 감동이 되고 하나님의 말씀이 새 신자들에게 하나님께서 자신들을 향한 진리의 말씀으로 다가가야 하는 것은 그리 쉽지 않았다. 그러나 필자에게 이 과정은 어려우면서도 유익한 시간이었다.

새 신자들에게 설교를 하고 느낀 것은 설교자는 새 신자에게 교육을 하는 기간에는 복음적인 설교를 하는 것이 필요하다는 것이다. 예수 그리스도의 생애와 죽음, 부활, 재림에 대해 교리 교육에 맞추어진 것이기 때문에 그것에 따라 설교하는 것이 새 신자들의 신앙이 바르게 세워지도록 도와줄 것이다. 12주 동안 계속적으로 새 신자 예배와 교리교육은 복음에 대한 의미를 보다 풍성하고 확실하게 듣고 이해할 수 있을 것이다.

c. 새 신자 위원과 회중들의 새 신자 돌봄에 대한 평가

새 신자 위원과 회중들의 새 신자 돌봄의 목적은 그들을 최고의 VIP 손님으로 섬기는 것이었다. 우리는 종종 백화점에서 VIP고객으로서 대접받을 때가 있다. 그것은 매우 기쁘게 느껴진다. 교회에서도 새 신자를 최고의 대우를 해야 한다. 새 신자들은 교회의 VIP이다. 그러기에 먼저 새 신자를 눈에 뛰게 했다. 노란 리본을 상의 가슴에 달게 했다. 처음에는 쑥스러워 했지만 그래도 기쁘게 생각했다. 이것은 매우 중요한 과정이다. 그리고 새 신자 교육이 마칠 때까지 교회 안에서 모든 것에 대한 우선권을 부여 했다. 주차장에 차를 가장 먼저 주차 할 수 있도록 했다. 식사시간에도 가장 먼저 식사를 할 수 있도록 했다. 모든 회중들이 친절하게 그들을 섬길 수 있도록 했다. 그리고 목사와 만남도 가장 먼저 이루어졌다. 그리고 모든 회중들 앞에서 축복을 받으며 회중 전체의 환영을 받게 하였다. 그러한 돌봄은 지속적으로 반복되었다.

d. 새 신자 예배에 대한 평가

새 신자를 위한 예배를 준비하는 것은 필자에게는 매우 유익한 시간이었다. 새 신자들에게 왜 예배를 드려야 하는지, 그리고 우리의 예배의 대상이 되시는 하나님은 우리와 어떤 관계인지… 그 분께서는 우리를 왜 그렇게 사랑하셨는지… 왜 인간의 죄를 독생자 예수 그리스도에게 전가하셔서 나를 구원하셨지는 부활하신 예수님은 나에게 어떤 영향을 끼치셨는지, 기초적인 복음을 새 신자 예배를 통해 전하는 것은 매우 유익했다. 기독교의 기초적인 교리를 다루고 기독교를 향한 질문도 다루고 설교를 하였지만 이해를 하지 못하는 분도 있는가 하면 처음 알게 되는 진리에 대해 기뻐하는 자도 있었다. 새 신자들에게 하나님에 대하여 예수님에 대하여 구원에 대하여 교회에 대하여.... 죽음과 천국에 대하여 이해하지 못하는 경우에는 그들이 이해할 수 있도록 비유를 통해서도 전달했다. 새 신자 예배를 통해 설교하는 것이 복음의 중심인 십자가와 부활이었으며 그 설교는 필자에게 큰 유익을 주었다.

e. 10주간 새 신자 교리훈련에 대한 평가

새 신자 교리훈련과 교육은 새 신자가 그리스도인으로서 생명력 있는 삶을 살도록 인도하는 것이었다. 그러므로 먼저 생명의 말씀으로 교육하였다. 10주간교육은 1. 성경이란 무엇인가. 2.하나님은 누구신가. 3.하나님의 일하심. 4.인간, 그 신비함. 5.예수 그리스도. 6.성령, 예수님의 영 7.구원이란 무엇인가. 8.교회란 무엇인가. 9.은혜로 사는 삶. 10. 죽음과 천국에 대하여 교육하였다. 새 신자가 영적인 어린아이의 수준을 넘어서 교회의 일원으로 세워진다는 것은 매우 어려운 일이었다. 그러므로 교회 소속감을 고취하는데 새 신자들을 지속적으로 성실하게 훈련하며 교육하였다.

기독교 교리를 교육하면서 그들에게 이론적인 것이 아니라 가슴으로 느낄 수 있도록 구원의 확신을 갖게 하는데 기도하며 훈련하였다. 또한 새 신자들에게 매슬로우의 5가지의 욕구가 하나님의 말씀 안에서 그분의 사랑이 깊이 경험되어지며 그 사랑가운데 새 신자들의 욕구가 다 채워질 수 있도록 목사와 위원들이 헌신적으로 돌보며 양육하는데 힘을 기울였다. 그리고 믿음을 갖도록, 자신의 달란트를 발견하도록, 성령의 체험을 경험하고 성령의 열매를 맺는 삶을 추구하도록, 그리고 그들이 돌봄과 섬김을 받았듯이, 자신들도 섬김과 돌봄으로 봉사할 수 있도록 재생산 하는 교회가 되도록 활성화를 도모했다. 그러나 아쉬운 점은 그렇게 인도하는 데로 따라오지 못하는 새 신자를 볼 때 앞으로 더욱 연구하고 노력해야 할 부분으로 남는다.

f. 새 신자 환영프로그램에 대한 평가

새 신자를 잘 환영하는 교회는 새 신자의 정착율을 높일 수 있다. 그러므로 새 신자를 가장 잘 환영함으로 교회에 대하여 열린 마음으로 교회 소속감을 갖도록 하는 것은 매우 중요한 과정이었다. 새 신자 환영 프로그램은 예배 중 광고시간에 잠깐 하는 경우가 있다. 그러나 부담을 주는 경우가 있어서 새 신자들이 축복을 해주려고 일어나라고 해도 어색해 하며 일어나지 않는 경우가 종종 일어난다.

어떤 이들은 예배시간 내내 소개에 대한 부담을 가졌다는 이야기도 듣곤 했다. 필자교회에서 새 신자 환영회는 예배 후 다음과 같은 환영식 행사를 진행하였다. 새 신자부에서 준비한 아름다운 꽃을 새 신자에게 전달하고 모든 회중이 새 신자를 위해 축복송을 부르며 축복을 한다. 간단하면서도 진한 감동이 오도록 진행하였다. 이 때 새 신자들로 부담감을 가지지 않도록 했다. 그러나 아쉬운 점은 진행과정에서 새 신자 에게 강요하는 모습이나 지나친 질문으로 난감한 분위기를 연출하는 경우도 나타났었다. 새 신자 환영프로그램은 새 신자를 알리고 최고의 존재로 확인시켜 주며, 교회 소속감 고취를 기대할 수 있을 것이다.

g. 새 신자 수료식에 대한 평가

필자 교회에서 5월 4일부터 12주간 새 신자 성경공부 교육을 마치고 축하 교재시간과 새 신자 수료식을 드렸다. 12주간 새 신자교육 프로그램(성경공부)을 성실히 이수한 분들에게 주어지는 수료식에는, 총 10명의 새 신자가 수료하였다. 수료식를 마치면서 새 신자들은 "좋은 교회, 좋은 목사, 좋은 성도를 만나게 해주신 하나님께 감사하다"고 전하며 기쁨을 감추지 못했다. 교회의 일원으로서 소속감을 확인하는 시간이 되었다.

B_
배운 점

본 논문은 예배의 소속감 고취를 통한 새 신자 정착율 개선 방안을 목적을 두고 쓰여 졌다. 예배를 통해서 선포되는 하나님의 말씀이 새 신자들에게 복음을 경험케 한다면, 새 신자는 소속의 욕구를 갖게 되어 교회의 공동체 안에 소속감을 갖고 정착할 수 있게 된다는 것을 배우게 되었다. 예빛교회는 구리시 인창동에서 10년이란 세월 속에서 800명이 넘는 등록 교인이 있었다. 그러나 정착율은 50%에 머물렀다.

새 신자를 위한 교육프로그램은 미흡한 편이었다. 그러므로 그 동안 부교역자들이 해왔던 성경공부를 필자가 직접 하도록 전환하였다. 새 신자 성경공부인 교리 훈련을 필자가 하면서 새 신자들에게 친밀감을 주고 설교를 통해 복음의 진리를 깨닫게 하였다. 또한 새 신자에게 신앙의 확신을 심어주고 사랑과 섬김과 인격적 교제의 예배, 소속감과 정착을 돕는 예배와 교리 훈련으로 교회 소속감을 갖고 정착하도록 했다. 그러나 이것을 시행하면서 교회본질의 이해 부족과 새 신자에 대한 교인의 관심 부족, 훈련된 사역자의 부재 등 장애물이 있었다. 그러나 예배를 통해서 교회가 새 신자가 교회에 소속감을 갖고 정착 할 수 있다는 것을 알게 된 소중한 기회가 되었다. 본 논문은 부족한 점이 많지만, 필자가 논문을 준비하면서 배우게 된 점을 몇 가지로 정리하고자 한다.

첫째, 새 신자 예배를 통해 배운 점은 담임 목사의 설교가 가장 중요하다는 것을 알았다. 그렇지만 더욱 중요한 것은 설교에 담겨진 강력한 복음의 능력이었다. 영혼을 사랑하는 마음으로 복음을 증거 할 때, 새 신자들이 교회의 소속감을 갖고자 하는 모습을 보았다. 하나님의 복음의 말씀이 새 신자를 변화 시키는데 가장 중요하다는 것을 배웠다. 하나님 말씀을 바르게 설교하고 가르치지 못하게 되면 교회에 찾아오는 새 신자에게 소속감을 갖고 정착하는데 문제의 근원이 된다는 것을 확인하는 기회가 되었다. 그러므로 목회자의 목표의식이 분명해야 교인들에게 새 신자 예배를 통하여 복음을 선포하고 하나님의 말씀이 새 신자를 교회에 소속감을 갖고 정착할 수 있는 동기를 부여 할 수 있을 것이다.

둘째 새 신자 예배를 준비할 때 공동체 모두가 하나가 되어 한 영혼 한 영혼에게 관심을 갖고 의식을 회복되고, 신앙을 전수하고, 공동체를 회복하고, 예배의 성실한 참여도를 증가하여 교회의 활성화를 이룬다는 목표를 설정하였다. 새 신자 예배를 드릴 때에는 새 신자 중심 예배로 전환되어야 한다는 것을 깨닫게 되었다. 기존의 장년 중심예배는 새 신자에게 흥미를 주지 못하기 때문에 예배에 참여한다고 해도 적응하기가 힘들고, 복음을 경험할 수 없다는 것이다. 새 신자들이 복음을 경험할 수 있도록 하기 위해서는 새 신자들이 마음의 문을 열고 참여할 수 있도록 순서를 만들어야 한다. 그래서 새 신자들이 적극적으로 참여 할 수 있는 몇 가지 예배 순서를 준비하였는데 새 신자들이 예배에 잘 적응하였다.

셋째, 교회의 소속감을 고취시켜서 새 신자를 정착 시키는 데에는 예배로부터 시작한다는 것을 알게 되었다. 교회의 새 신자 정착을 위해 각종 프로그램을 도입하여 실시하지만 정작 예배는 신경을 쓰지 않는다. 교회가 새 신자 정착을 위해서는 반드시 예배의 활성화가 선행되어야 한다는 것을 깨달았다. 예배가 주는 힘은 그 어떤 프로그램보다도 강하다. 형식적인 예배는 성도의 삶과 교회에 어떠한 영향도 미치지 못하지만 예배를 통해 복음을 경험하고 은혜를 받으면 자신뿐만 아니라 교회도 활성화되는 것을 알게 되었다. 새 신자 예배를 통해 우리는 주 안에서 하나라는 교회의 공동체성의 소속감을 갖게 되고 이로인해 교회는 새 신자와 모든 성도가 기쁨과 감사로 함께 예배하면서 새 신자를 정착시키기 위한 변화의 시작이 교회에 새 신자가 소속감을 갖고 정착하는데 원동력이 되었다고 볼 수 있다.

넷째, 협력의 중요성을 깨닫게 되었다. 예배와 프로그램을 준비하면서 정말 많은 손길이 있었다. 목회자는 목표를 설정한 후 기획을 하였고, 위원회와 봉사자들은 오랜 시간에 걸쳐 준비하고 실행을 하였다. 각자 주어진 역할을 감당할 뿐 아니라 서로를 위해 도움의 손길을 펼쳤다. 협력하여 열심히 준비하였기 때문에 모든 것이 잘 될 것이라는 확신은 있었지만 참여한 성도들의 마음은 어떻게 할 수 있는 것은 아니었다. 전체적으로 긍정적인 평가를 내린 이유는 철저하게 준비하였기 때문만이 아니라 성령 하나님의 역사가 있었기 때문이다. 함께 모여 기도하면서 준비한 결과 성령 하나님의 인도하심이 있었다는 것은 부인할 수 없다.

마지막으로 새 신자 예배에 대한 기대감이 더욱 크게 생겼으며 교회가 건강하게 성장할 수 있다는 것을 알게 되었다. 먼저 새 신자와 함께 예배를 드리고 필자로부터 교리 교육받으면서 하나님의 말씀을 깨닫게 되고, 프로그램에 참여하면서 주 안에서 한 가족이라는 교회 공동체의 소속의식을 갖게 되었다. 이 공동체 소속의식이야말로 교회를 건강하게 만드는 가장 중요한 요소이다. 뿐만 아니라 새 신자 예배와 교리 교육을 통해 새 신자들에게 신앙이 전수되어 믿음이 자라게 되고, 예배와 프로그램에 참여하여 예배 참여도가 증가되었다.

본 논문에서는 교회는 예배와 말씀으로 돌아가야 새 신자와 교회 공동체 모두가 살아난다는 것을 배우며 예배와 하나님의 말씀이 제대로 가르침 속에서 지속적으로 전달 될 때, 교회에 새 신자가 정착할 수 있다는 것에 대한 자신감이 생기게 되었다. 그리고 작은

규모의 교회일수록 더 효과적일 것이며 새 신자 정착을 위해 갈등을 겪는 모든 교회에 필요한 새 신자예배와 하나님의 말씀의 교리 훈련이며, 더 나아가 새 신자가 주님의 교회에 소속감을 갖고 정착하는 것은 하나님이 원하신다는 것을 배우게 되었다.

C_
제언

본 논문은 새 신자를 교회에 소속감을 갖고 정착시키기 위해 침체된 예배와 교회를 어떻게 하면 활성화시킬 것인가를 고민한 결과 새 신자 예배와 새 신자 교리 훈련 통해 그 대안이 될 수 있다는 확신을 가지고 시작하게 되었다. 구체적인 목표를 설정하고, 비전을 제시하고, 위원회를 구성하여 계획을 준비하고 실천하였다. 기획부터 실천까지 많은 시간과 헌신이 필요하였는데 실시한 결과 전체적으로 긍정적인 결과를 얻었지만 부족한 부분이 있어서 좀 더 발전적인 방향으로 나아가기 위해 몇 가지 제언을 함으로 마무리 하고자 한다.

첫째, 모든 신자들이 적극적으로 참여할 수 있도록 준비를 해야 한다. 새 신자들의 적극적인 참여를 위해 새 신자 중심으로 전환하는 것이 필요하다. 전반적으로 예배순서는 새 신자들에게 지루감이 없도록 매우 간결하게 드리게 되었다. 새 신자들을 대상으로 드려지는 예배는 좋은 대안이 될 것으로 보인다.

둘째, 새 신자에 대한 연구와 분석이 필요하다고 본다. 준비단계에서 새 신자 예배의 문제점을 파악하여 어떻게 하면 새 신자 예배를 통해 교회를 새 신자를 소속감을 갖고 정착할 수 있게 할 수 있는가를 고민한 결과 새 신자 예배가 적합하다는 결론을 내리고 목표를 정하였다. 그러나 새 신자의 특징은 무엇이며, 어떤 자세로 예배를 드리고 있는지, 어떤 예배를 원하고 있는지를 파악하지는 않았다. 새 신자에 대한 특징을 파악하기 위해서는 설문 조사를 실시하거나 직접 인터뷰를 통해 알 수 있을 것이다.

셋째, 새 신자예배와 새 신자 교리 교육 프로그램이 교회에서만 이루어지는 것이 아니라 가정과 연결되어야 할 것이다. 가정과 연결되어한다. 가정에서 구체적으로 실천할 수 있는 프로그램이 필요하다. 가정예배 지침서나 Q. T. 지침서를 제공하고, 작은 실천을 할 수 있도록 프로그램을 제공하는 것이다.

넷째, 새 신자를 교회 소속감을 갖고 정착시키기는 위해서는 한국교회 중에서 새 신자예배가 활성화된 교회를 찾아 탐방하고 조사하여 발전적인 방향으로 나아가야 한다. 계속 연구하고 개발하지 않으면 발전 할 수 없다.

이상과 같이 본 연구를 진행하면서 잘된 부분은 계속 발전시키고 부족한 부분은 좀 더 연구하여 적용한다면 예배의 소속감 고취를 통한 새 신자 정착율은 개선 될 것을 기대할 수 있을 것이다.

D_

예빛교회 성도들의 간증

1. 은혜가 쏟아지는 교회

(정인복 성도, 2010.1.17)

누구랄 것도 없이 눈물이 쏟아지고 있는 주일 예배.

주님과 동행하고 있느냐는 말씀이 그렇게 은혜로울 수가 있는 건지…난 참 모르겠다. 물론 이것 말고도 많은 것을 모르는 내가 이걸 어찌 헤아릴 수 있단 말인가!

기둥 뒤의 나는 목사님 모습을 보지 못한 채 목소리만으로 예배를 드린다. 시간 내내 목사님이 눈물을 뚝뚝 흘렸단 얘기를 들었으니 다음부턴 자릴 옮겨 예배를 봐야 할 것 같다. 이렇게 제대로인 목자를 만난 우리들은 참으로 행복한 사람인 것이 틀림없다.

2. 쏟아지는 눈물

(김창희 권사, 2010.1.23)

주일예배 후 유민이는 금식을 정했다고 말하며 표를 만들어 냉장고 위에 붙여 놓더군요. 왜 금식을 하는지 얼마 후 유민이의 일기를 보고 알게 되었습니다. 유민이의 허락을 받고 일기를 올려봅니다.

1월 17일 주일, 오늘 어린이 예배 때 전도사님께서 2가지 동영상을 보여주셨는데 그 동영상의 공통점은 둘 다 북한사람들이 고통을 당하는 거다. 나는 동영상을 보면서도 울고, 기도시간에도 울었다. 그 울음은 일부러 우는 눈물이 아니라 나 자신만 잘 먹고 잘 살면 된다는 생각으로 살아온 내가 부끄러워서 우는 눈물이었다. 금식표 같은 걸 뒤에 있는 큰 칸에 붙였다. 아! 아까 기도하고 나서 느낌은 속이 후련했다. 나는 2번을 하기로 했다. 나는 금식을 꼭 지킬 것이다.

우리 교회는 참 비전 있는 교회입니다. 중고등부는 철야로, 주일학교는 금식으로 새해를 여니 말입니다. 새벽 기도 때 부모님 손을 잡고 나오는 아이들을 보면서 '참 귀하다!' 라고 생각했습니다. 그 귀한 아이들을 축복합니다. 오늘 저녁, 주일 점심 금식하는 유민이를 위해 기도하며 저도 오늘저녁에 금식을 하려 합니다.

3. 꽃비 내리는 날

(김화자 집사, 2010.4.25)

꽃피는 4월, 개나리, 진달래, 벗 꽃, 백목련, 자목련이 곱게 피어서 함박처럼 웃으며 봄 잔치하다가 심술궂은 비바람에 그만 입 다물고 있다가 꽃비 불러 꽃눈 날리는 날, 하얀 눈, 분홍 눈, 노랑 눈을 온몸으로 맞으며 지난날들을 생각해본다.

때늦은 나이 70이 코앞에 와있는 지금 봄눈 맞으며 나의 신앙을 생각해본다. 내 삶에서 다급할 때 찾았던 하나님은 나를 버리시지 않으시고 치유하여주셨다. 고마우신 하나님의 이름이 여호와 인줄도 모르고 집에서만 하나님을 사모하며 그리워하다가 하나님의 딸로 살기를 작정한 나는 지금 너무 행복하다.

교회 본당으로 들어서면 엄숙하지만 아버지의 품속처럼 포근함이 느껴지고 성도들의 사랑이 느껴지고 내 나이를 잊어버린다. 웃음을 잃었던 나에게 웃음을 찾아주신 하나님께 감사하고 새벽기도 때 마다 캄캄한 강대상 뒤에서 우리를 위하여 기도하시는 목사님이 감사하다. 세상과 다른 세상, 성스러운 세상이 우리 예빛교회에 있음을 발견하고 나를 불러주신 아버지께 감사드린다.

내 인생 이제 얼마 남지 않음에 아쉬움이 남아 마음 어디선가에서 눈물이 솟는다. 아주 작은 봉사지만 이제 몇 년이나 할 수 있을까!

나의 죄를 사하여 주시고 치유하시고 기도에 응답주신 아버지의 은혜에 작은 보답이라도 드려야 하는데 낙화되어 펄펄 휘날리는 꽃 눈을 보며 내 눈에도 감사의 비가 소리 없이 흘러내린다.

"아버지! 저를 믿음에서 영원히 실족되지 않게 하소서."

4. 언제나 그리운 곳

(유재순 권사, 2010.06.27)

마음에 생각만 해도 못내 그리운 그 곳 예빛교회! 한가한 오후 잠시 예빛교회 이 방 저 방을 둘러봅니다. 늘 가족 같은 아니 친정

엄마 같은 곳!

그렇게 변함없는 사랑으로 맞아주는 소중한 분들이 계신 곳이기에 예빛이 많이 그리워지는 오늘입니다. 목사님과 사모님 자린이와 요셉이... 그냥 불러만 봐도 마음이 따스한 사랑으로 뭉클해옵니다.

그리고 잊히지 않는 많은 얼굴 얼굴들...

한번 찾아뵙는다는 것이 이렇게 여기를 통해 문안을 드리게 됨이 너무 죄송스러울 뿐입니다. 늘 하나님의 은혜가 머무는 행복한 예빛교회이기를 기도하며 모두 평안하세요. 사랑하고 축복합니다.

5. 하나님을 찾아 떠난 여정

(김유신, 최명숙, 2010. 10. 01)

하나님을 향한 그리움. 잃어버린 첫 사랑에 대한 애끓음. 메말라 가는 눈물의 샘에 솟아나는 강퍅함. 이로부터 자유하고 싶은 마음에 비록 추석연휴를 앞둔 주일이었지만 반도의 끝자락에서 서울을 향해 저희 부부는 발걸음을 옮겼습니다. 하나님의 사람들을 보고 싶어 찾아간 여정 이었습니다.

예빛교회를 찾아가는 길은 어려운 길은 아니지만, 시간으로는 만만한 길이 아니었습니다. 예빛교회에서 1부 예배를 보기로 하고, 아침 6시부터 분주하게 움직였지만, 예배시간이 늦어 전철 안에서 애를 태웠습니다. 포기하고 2부 예배를 볼까, 아니면 중간에 내려 가까운 교회에서 예배를 볼까 잠시 고민도 해보았습니다. 그러나 하나님의 사람들이 있는 그곳, 예빛교회에서 2부 예배를 보기로 하고, 찾아간 시간은 9시15분 이었습니다.

"예빛교회"

교회의 이름이 멀리서 눈에 들어올 때 가슴에 밀려오는 뭉클한 마음과 설렘이 있어 행복했습니다. 주일이면 하나님을 찾아 성전을 찾던 마음이 이러했었습니다. 참으로 오랜만에 느껴보는 경건의 마음, 설렘이었습니다. 행복했습니다.

예배시간을 9시로 알았던 저희는 예배시간이 9시 30분임을 알고, 하나님의 이끄심과 사랑을 다시 한 번 느끼며 행복했답니다. 성전의 한쪽에 자리 잡고 기도하는데 찬양대의 연습곡은 하나님의 어루만지시는 은혜였답니다. 곡명은 모르지만 너무 좋았습니다.

"함께 즐거워하라!"

목사님을 통하여 선포하신 하나님의 말씀을 통하여 저희 부부의 자아를 깨뜨리고, 골수를 쪼개어 어루만지시는 임재를 통하여 한없이 눈물이 흐르더군요. 주체할 수 없이 흐르는 눈물에 감사했습니다. 오랫동안 메말랐던 눈물을 회복하였습니다. 하나님이 함께하는 예배를 드리는 예빛교회 형제, 자매님들이 부럽습니다. 늘 하나님의 품에 안겨 회개와 사랑, 감동, 맑은 영으로 말씀을 선포하시는 주의 사자와 함께하시는 형제, 자매님이 부럽습니다.

예빛교회에는 분명 왕이 계셨습니다.

예빛교회에는 분명 예수님의 빛이 있었습니다.

예빛교회에는 분명 예수님의 눈길이 머무는 곳에 성도의 눈길도 있었습니다.

예빛교회에는 분명 예수님의 손길이 닿는 곳에 성도의 손길도 있었습니다.

예빛교회에는 분명 예수님의 심장이 박동하고 있었습니다.

주의 사자와 함께 헌신하는 성도들에게서 그리스도의 향기가 풍겼습니다. 행복했습니다. 늘 감사와 설렘을 가지고 섬기는 삶을 살겠습니다. 낮은 곳에 서기를 즐기며 살겠습니다. 주님 닮은 마음으로 삶을 살며 호흡하겠습니다.

반도의 끝, 강진에도 주님과 목사님과 성도님들과 함께하고, 비전을 함께 공유하고 기도하는 작은 자들이 있습니다. 예빛교회에 예배드리러 가겠습니다. 다음에는 저희 아이들과 동행하겠습니다. 감사합니다. 사랑합니다.

전라도 강진에서 최명숙, 김유신 올림

6. 새내기 인사드려요

(백재은 집사, 2011. 5. 3)

안녕하세요. 새빛과 새론의 엄마 백재은 집사입니다. 지난주 유아세례 때 우리 새론이가 세례를 받았지요. 참 은혜롭고 감동스럽고 즐거운 천국잔치 같았어요.

저를 아시는 분은 많지 않으시겠지만... 사실 저도 아직 예빛의 성도님들을 많이 알지는 못해요. 제가 예빛의 성도로 등록한지는 몇 달 되지 않았지만 예빛교회에 대해 안지는 몇 년 되었답니다. 이종환 장로님과 김창희 권사님 통해서요.

유민이가 태어나기도 전, 제가 결혼도 하기 전부터 두 분과 인터넷 Daum의 칼럼(현재는 '블로그'라고 하죠)을 통해서 십년이 넘는 세월을 알고 지내고 있었답니다.

부족한 저를 사랑해주시고 힘들 때 위로해주시고 격려해 주신 두 분의 사랑이 지나온 제 삶에 얼마나 큰 지침이 되고 위로와 안정이 되었는지 모릅니다. 그러는 동안 예빛교회에 대한 아름답고 좋은 평화의 소문은 익히 듣고 있었기에 처음 왔을 때도 많이 낯설지 않았고 환한 웃음으로 맞아주시는 예빛의 성도님들 덕분에 금방 적응할 수 있었답니다.

2년 전 남편이 직장을 옮기면서 구리로 이사하게 되었고 이렇게 예빛교회의 성도가 되었으니 이 모든 만남이 하나님의 은혜와 섭리 가운데 이루어진 것이란 생각을 하게 됩니다.

목사님과 사모님의 하나님께 대한 뜨거운 열정과 사랑 또 성도들을 향한 섬김과 사랑의 모습에 깊은 감명을 받았고 예빛의 많은 성도님들이 그렇게 같은 모습으로 서로를 섬기고 나누고 사랑하는 모습에 늘 은혜 받고 있습니다.

7. 제자 10기 후기 올립니다

(제자10기 구복기 집사 2014. 5. 15)

우리들의 처음 시작은 모두가 같은 예빛교회를 다니면서도 눈인사 한번 안한 사람도 많았습니다.

4월 24일 저녁 한자리에 앉아 Q.T.를 갖는 시간이 많이 어색하고 서먹했습니다. 그저 조용하게 목사님 말씀을 듣는 것 만으로 O.T.를 마쳤습니다. 2,3주가 지날 때까지도 들리는 말은 "그만 둘까, 그만두고 싶다, 시간내기가 어렵다, 부담스럽다"등등 이었습니다.

그런 우리들을 두고 목사님은 안쓰러우리만큼 열정적이셨고 우리는 미안스러우리만큼 말똥말똥 했습니다. 권사님들이 이따금 물어 오시는 말씀, "제자훈련 좋으시죠?" "아니요, 잘 모르겠어요."

저도 참 답답했습니다. 내 맘이 이토록 무덤덤한 게... 그렇게 답답한 사람들을 위해서 우리 사모님은 제자훈련 시간 내내 본당에 엎드려 기도하셨고 우리교회 집사님 권사님들 어느 기수 때보다도 이번 10기 때 많이 기도 하셨습니다.

너무 감사합니다. 사람의 생각으론 도저히 안 될 것 같은데 언제부터인지 우리 열 두 사람은 조금씩 변하고 있었습니다. 십자가를 바라보는 마음도, 성경 한 구절, 한 구절을 읽을 때마다의 느낌도, 새로운 아침을 기도로 시작하는 습관도... 그리고 우리는 나 자신을 위한 기도에서 모두를 위한 중보기도로 바뀌어 진심어린 애정을 가지고 하게 되었습니다. 그렇게 처음은 12사람 각각이었지만 우린 자연스럽게 12제자가 되었습니다.

성경암송이 더 이상 숙제가 아니었고 성경 한 구절, 한 구절을 읊조릴 때마다 죽어있는 내 영혼이 말할 수 없는 심장의 떨림으로 살아남을 느꼈고, 암송성경 한과를 넘길 때마다 흐느끼던 내 심장이 갈라디아서 2장 20절 "내가 그리스도와 함께 십자가에 못 박혔나니 그런즉 이제는 내가 사는 것이 아니요 내 안에 그리스도께서 사시는 것이라 이제 내가 육체 가운데 사는 것은 나를 사랑하사 나를 위하여 자기 자신을 버리신 하나님의 아들을 믿는 믿음안에서 사는것이라"를 생각할 때마다 눈물을 쏟아냅니다.

누가복음 22장 42절을 만났을 때 죽음을 앞둔 그리스도가 괴로움과 고통 속에서도 하나님의 뜻을 거부하지 않으시는 거룩함이 날 더욱 눈물짓게 하고 제자 베드로가 세 번이나 예수를 부인할 정도로 두려운 상황이었음을 이제야 실감을 합니다.

제자훈련을 받으면서 그동안의 내 생활 속의 고난이 아무것도, 정말 아무것도 아니었다는 위로를 받으며 회개를 했습니다. 사랑하는 자기 아들까지도 아끼지 아니하시고 우리 죄 많은 사람들을 위하여 내어주신 하나님! 이젠 그분을 위하여 우리가 헌신해야함을 제자훈련을 마치면서 다짐해봅니다.

이 어지러운 세상에 참되신 예수를 몸소 실천하시는 목사님, 사모님! 감사드리고 존경합니다!
소중한 우리 10기 동지들, 여러분들이 있어서 저는 참 행복했습니다.

8. 봉사

(방송반 박동열 집사, 2012. 5. 18)

예빛교회를 우연히 방송에서 보신 어머니께서 가보라 권유하셔서 등록한지가 벌써 5년 되었습니다. 신앙은 시간이 아닌 하나님을 향한 믿음의 정도로 성숙되어야 한다는 것도 예빛교회에 와서 목사님의 말씀을 듣고 깨달았습니다.

그 때 저는 하나님의 성전인 교회를 위해서 봉사할 것이 없나 찾아다니곤 했습니다. 그렇게 봉사하면서도 즐겁고 기쁘고 행복했습니다. 평일보다 주일이 더 많이 바쁘고 힘들고 그랬지만 행복했습니다. 그 행복한 감정과 느낌이 5년이 지난 지금에는 많이 시들해진 것 같아 하나님께 죄송하고 부끄럽습니다.

5월 5일 예빛교회 창립 8주년 체육대회가 있었습니다. 그 때 저는 사진을 찍고 있었는데 갑자기 카메라가 고장이 나서 화가 났습니다. "왜 하필 오늘인 거야!" 이렇게 불평을 가지고 교회에 가서 다음 날 있을 찬양대회 준비를 했습니다. 항상 방송 사고가 날 때마다 마음이 불편해서 이번에는 정말 잘 준비해서 문제가 없기를 바랬습니다. 그러나 다음 날 방송 사고가 나고야 말았습니다.

정말 짜증이 났습니다. "왜 자꾸 이런 일이 생기는 거야!"라고 하면서... 결국 저는 제 탓이 아닌 다른 이의 누군가의 탓으로 돌리려 했던 겁니다. 집에 돌아와 분이 남아서 이숙 집사에게도 짜증을 냈습니다.

그렇게 한 주가 끝나고 회사에서 채육대회 사진을 정리하는데 갑자기 "픽!"하더니 PC가 고장이 나는 겁니다. 구입한지 얼마 되지도 않은 브랜드 있는 컴퓨터가 먹통이 된 거지요. 컴퓨터 기사가 회로가 고장 나서 수리는 보름 정도 걸리는데 자료는 장담할 수 없다고 하니 눈앞이 막막해 지더군요. 사진은 다 지워졌을 것이 뻔하고 이 사태를 어찌 하나 걱정이 이만 저만 아니었습니다.

그렇게 속을 다 태우고 집으로 향하는 길에 목사님 찬양이 생각이 나서 찬양을 틀었는데, 눈물이 나더군요. 왜 진작 하나님께 기도하지 못했나. 왜 진작 하나님께 매달리며 하나님의 도구로써 순종하지 못했을까!

말로만 봉사. 행함이 없고 입으로는 불평만 하는, 그러면서 하나님의 도구라 이야기 했던 무지한 제가 부끄러웠습니다. 그리고 용서의 기도와 주님의 도구로 다시금 사용케 해달라는 기도를 간절히 드렸습니다. 요즘 다시금 목사님의 찬양을 들으며 주일 설교 동영상을 2~3번씩 듣습니다. 마음 저 편에 움추리고 있던 주님을 향한 열정을 기억합니다.

하나님의 기적이겠지요.

사진은 단 한 장도 지워 지지 않았고 컴퓨터도 단 하루 만에 수리하여 제 책상위에 있습니다. 제가 하는 일이 컴퓨터 전문 분야 입니다. 하드(자료를 저장해 둔 장소)가 날라 갔는데 사진을 저장해 둔 폴더만 살아 있다는 것이 상식적으로 불가능 한 것입니다.

하나님께서는 제게 다시 한 번 봉사의 기회를 주셨습니다. 하나님을 향한 봉사가 절대로 개인의 이기심과 잣대로 행해서는 안된다는 것을 알려주셨습니다. 불평으로 해서는 안 된다고 말씀하셨습니다. 이제 저는 5년 전 주님을 향한 마음을 다시금 돌아보겠습니다.

많이 부족하지만 항상 이해하시고 가르쳐주시는 이문용 장로님께 감사하고, 부족하여 있는 그대로의 말씀을 올리지 못하여도 항상 따뜻하게 말씀해 주시는 목사님과 사모님께 감사드립니다. 예빛교회 식구 모든 분들 사랑합니다.

9. 내 영혼이 은총입어

(최현희, 2012. 6. 25)

은혜와 믿음은 저하고는 아주 먼 곳에 있는 것이라고 생각했습니다. 제 맘은 너무나 많은 사람들이 밟고 다녀 단단해져 있었고, 커다란 돌들과 자그마한 돌들로 가득 차 있었습니다. 제 맘은 온통 가시 투성이었고 아주 작은 사랑조차도 없는 것 같았습니다.

그런 제 맘에 어느 날부턴가 작은 빛들이 들어오기 시작했습니다. 예빛교회에 다녀오고 나서인 것 같습니다. 예빛은 저에게 사랑과 믿음을 심어주기 시작했고, 은혜가 무엇인지 알게 해주고 있습니다.

남편이 친구의 권유로 예빛을 찾았을 때 얼마나 갈까 생각했습니다. 단지 그립던 친구를 보기 위함이요, 친구의 권유를 뿌리칠 수 없기 때문이라고 생각했습니다.

예빛은 남편에게 그립던 친구를 보내주었고, 예빛은 남편에게 믿음을 주기 시작하였고, 은혜를 주기 시작하였습니다.

토요일, 남편의 아주 작고 보잘 것 없는 사무실에 은혜가 충만 했습니다. 그날을 전 잊지 못할 것입니다. 초라한 사무실을 보여주기 싫어 망설였던 남편이었지만, 그날 그 초라한 사무실에 은혜와 빛이 충만하여 넓고 호화로운 어느 남편들의 사무실보다 더 멋지고 화려한 사무실이었음을 전 잊지 못합니다.

멀리서 은혜를 주시기 위해 찾아와주신 목사님과 사모님, 김인영 집사님과 이순녀 집사님, 남편의 둘도 없는 친구 김유신 집사님과 최명숙 집사님, 너무너무 감사드립니다.
제 영혼이 은총을 입어 주님을 찬양하며 주님과 늘 가까이 있음을 믿습니다. 저에게, 남편에게 이러한 변화가 생기리라고 생각도 못했었습니다.

예빛을 찾은 지 6개월이 되었습니다. 예빛 성도님들의 따스함과 환한 미소는 늘 저에게 많은 힘이 되어주고 예빛교회는 저에게 포근한 안식을 주는 곳이 되었습니다. 그것은 남편도 마찬가지일 것입니다

주일 예배를 마치고 집으로 오늘 길, 딸과 함께 저도 모르게 찬송을 부르고 있는 저를 발견합니다. 아직 미약한 믿음이지만 늘 은혜로 충만한 예빛이 저에게 더 많은 믿음과 은혜를 주실 거라 믿어

의심치 않습니다. 저에게 또 다른 삶의 기쁨을 알게 해 준 예빛은 제 마음의 은인이며 커다란 방이 되었습니다.

목사님과 사모님 그리고 예빛의 모든 성도님들 다시 한 번 감사드립니다. 그리고 저희를 예빛에 이끌어 은혜가 무엇인지 알게 해 주신 김유신 집사님, 최명숙 집사님, 너무 너무 감사하고 너무 너무 사랑합니다.

10. 9기 제자훈련을 마치며

(정종승 집사, 2013. 11. 17)

제자 훈련의 마지막 날, 하나님의 한량없는 사랑으로 주시는 맑고 청량한 가을 하늘 아래 올림픽 공원을 산책하고 왔습니다. 매일 보는 하늘, 땅, 마시는 공기이지만, 오늘 조금은 달라 보이는 건 귀한 주님과의 교제와 만남, 하나님의 섭리를 깨닫고 예수님을 닮아가고 그의 발자취를 따라가는 제자로서의 삶을 조금이나마 공부했다는 뿌듯함이 아니었나 싶어 부끄럽습니다.

처음 와본 올림픽 공원인데 왜 이곳에서 마지막 과정으로 산책을 하는지를 알 수 있을 것 같습니다. 천국같이 아름다운 이곳에서 제자훈련의 모든 과정을 정리해보는 기회를 주신 하나님의 뜻에 제 마음이 뭉클해집니다.

김윤호 집사님, 김승미권사님, 장정열집사님, 황재원집사님, 최경옥집사님, 김우재집사님, 김광곤집사님, 김미향집사님, 노병민 집사님, 권영아집사님, 마지막으로 최현희 집사님, 그동안 정말 수고 많으셨습니다. 무엇보다 목사님의 열정, 사모님의 헌신... 감사합니다. 사랑합니다.

처음 제자훈련의 권유를 받았을 때 '잘 할 수 있을까'라는 걱정도 있었지만, 그것 보다는 학창시절의 교과 과정을 연상하며 왠지 부담스러운 마음이 많았다고 기억이 됩니다.

아니나 다를까 제자훈련하는 날이 목요일이어서인지 제 목을 조여 오는 듯한 갑갑함도 있었고 매주 외워야 하는 성경구절의 암송도 항상 교회 가는 차안에서 허겁지겁 앞뒤 문장을 맞춰보는 어린 학생의 모습이 아니었나 싶습니다.

과정을 진행하면서 깊은 묵상 보다는 현실적인 일들에 쫓겨 일이 바쁘다는 이유로 한두 주는 빠지는 우를 범하는, 제자훈련을 기독교의 한 과정으로 여기며 빠지는 걸 결석이라고 단순히 생각하는 제가 초창기 제자훈련의 모습이었습니다.

그러나 조금씩 과정을 거듭하면서 제 마음에 뭔지 모르는 그 기쁨, 단어로는 표현하지 못하는 그 느낌, 그것은 단순히 세상적으로 얘기하는 교육의 효과라고만 볼 수 없는 마음의 벅찬 그 무엇...

매주 암송하는 말씀도 외워야할 것이 아니라 그냥 삶 속에서 흥얼거려지는 나의 노래가 되기 시작하며 삶속에서 자리 잡기 시작했습니다. 나의 거듭남, 믿음, 의로움, 순종, 봉사의 삶 그리고 사랑하라는 주의 계명들... 나의 작은 지식들이 하나님의 큰 뜻을 다 알진 못하지만 제가 부족해서 주님께 다가가지 못했다는 핑계에서 부족함을 고백하며, 좀 더 주님 앞에 나아가며 세상 가운데 주님의 뜻을 전하는 담대함을 가지려 합니다.

제자 훈련의 과정이 쉽지만은 않았지만 이제 그 과정의 끝에서, 이것은 끝이 아니라 새로운 시작이고 도전이라는 불변의 진리를 깨닫게 됩니다.

부족한 저를 위해 눈물짓는 주님! 그리고 그 과정 과정의 열정을 보여주신 목사님, 사모님, 감사합니다. 사랑합니다.

제자 9기 모든 동기 분들, 끝까지 수고 많으셨습니다. 자랑스럽습니다. 저에게 이렇게 소중한 시간을 허락해주신 주님께 감사와 사랑을 올려 드립니다.

참/고/문/헌

1. 동양서적

강정애 외 5인.『조직행동론』. 서울: 시그마프레스, 2009.

교회성장연구소 편집부.『한국교회 새 신자 정착모델 베스트4』. 서울: 교회성
장연구소, 2013.

권정생.『강아지 똥』. 서울: 길벗어린이, 1996.

권중돈, 김동배.『인간행동과 사회환경』서울: 학지사, 2005,

김균진.『基督敎組織神學 Ⅵ』. 서울: 연세대학교출판부, 1993.

김명용.『열린신학 바른 교회론』. 서울: 장로회신학대학교출판부, 1997.

김영재.『교회와 예배』. 수원: 합동신학대학원출판부, 1997.

김인수.『한국 기독교회의 역사』서울: 장로회신학대학교 출판부, 1998.

박은규.『예배의 재발견』. 서울: 대학기독교출판사, 1988.

박종기.『새 신자를 정착시켜라』. 서울: 영문, 2009.

박해경.『칼뱅의 신론』. 서울: 이컴비즈넷, 2005.

윤상덕.『새 신자 교리 업그레이드 워크북』. 서울: 드림북, 2009.

이신건.『칼 바르트의 교회론』. 서울: 한들출판사, 2000.

이종성.『교회론』. 서울: 대학기독교서회, 1987.

정장복.『예배의 신학』서울: 대한예수교장로회출판국, 1999.

정장복.『예배학 개론』. 서울: 종로서적, 1997.

최윤식.『한국교회 미래지도』. 서울: 생명의 말씀사, 2013,

한기홍.『새 신자 육성을 위한 지도력 개발』. 서울: 한국학술정보(주), 2006.

황원찬.『개혁주의 예배학 총론』. 서울: 잠언, 1996.

2. 번역서적

Barth, Karl. Die Kirchiche Dogmatik I /2. 신준호 역.『교회교의학』I /2. 서울: 대한기독교서회, 2010.

____. Evangelical Theology. Carlisle, Pa: Banner of Truth, 1976.

Bast, Robert L. Attractin New Membersv. 김명남 역.『새 신자를 끌어라』. 서울: 프라미스, 2002.

Johnson, P. E. A Theology of the Laity. 유동식 역.『평신도신학』. 서울: 대한기독교서회, 1987.

존. H. 웨스트 홉Ⅲ, 윌리암 H. 윌리모. 박종석 역『교회의 의식과 교육』서울: 베드로 서원 1992.

Maslow, A. H. Motibation and Personality. 송대봉 역.『인간의 동기와 성격』. 서울: 교육과학사, 1992.

Maxwell, Willam D. 정장복 역.『예배의 발전과 그 형태』. 서울: 쿰란출판사 1998.

Roy Oswald and Speed Leas, The Inviting Church. Washington, The Alban Institute, 1988.

Segler, Franklin M. Christian Worship. 정진황 역.『예배학 원론: 신학과 실재』. 서울: 요단, 1983.

Webber, Robert E. Ancient-future Worship: Proclaiming and Enacting God's Narrative. 이승진 역.『예배학』. 서울: 기독교문서선교회, 2011.

_____. Protestant Worship. 김지찬 역.『예배학』. 서울: 생명의 말씀사, 1988.

White, James F. Introduction to Christian Worship. 정장복 역.『기독교 예배학 입문』. 서울: 도서출판엠마오, 1992.

_____. Protestant Worship. 김지찬 역.『개신교 예배』. 서울: 기독교문서선교회, 1997.

Worley, Robert C. and Robert H. Dry Bones Live, 강형길 역.『교회갱신을 위한 목회 활성화 방안』. 서울: 한국장로교출판사, 1994.

와타나베 노부오, The Ecclesiology of Calvin. 김산덕 역.『칼뱅의 교회론』. 서울: 칼뱅 아카데미, 2010.

Hoon, Paul W. The Integrity of Worship. Nashville: Abingdon, 1971.

후크마, 안토니 A, 류호준 역.『개혁주의 구원론』. 서울: 기독교 문서 선교회 1990.

3. 논문(논문집, 잡지)

구리시청 편.『구리의 역사와 문화』7.

김경진, "초기 한국 장로교 예배, 1879-1934." 정장복 외 19인.『현대사회와 예배 설교사역』. 서울: 예배와 설교아카데미, 2002.

김용복, "코이노니아로서의 교회: 한국 기독교적 시각." 한국기독학회 편,『교회와 코이노니아』. 서울: 대한기독교서회, 1993.

송인호. "말씀으로 살아난다."『목회신학』10월호. 서울: 두란노, 2003.

황승룡. "교회란 무엇인가." 호남신학대학교 편.『교회란 무엇인가』. 서울: 한국장로교출판사, 2003.

4. 학위논문

김창현. "한국교회 구조의 한계성과 교육목회적 대안 연구." 미간행석사학위논문, 총신대학교, 2006.

김철호. "한국교회 예배갱신에 관한 연구." 미간행 석사학위논문, 한일장신대학교, 2004.

박기원. "21c 한국 개신교회의 예배 갱신 방향연구." 미간행석사학위논문, 목원대학교, 2002.

이어진. "예배회복운동(Liturgical Movement)과 그 영향에 관한 연구." 미간행 석사학위논문, 장로회신학대학교, 2004.

이현호, "현대 한국교회 예배에 관한 고찰." 미간행 석사학위논문, 한일장신대학교, 2006.

5. 인터넷

김경진. 『형성사를 통해 본 한국교회의 예배』. http://blog.daum.net/chish/5010647

6. 기타

김경진. "한국교회 예배의 배경, 윤곽 그리고 내용(contents)-장로교회를 중심으로." 의 논문.

홍수철 목사 박사 학위 수여식

In Planting to Grow

개척에서
성장까지

초판 1쇄 2015년 10월 10일

지은이	홍수철
펴낸이	김현태
펴낸곳	따스한 이야기
등 록	No. 305-2011-000035
전 화	070-8699-8765
팩 스	02- 6020-8765
이메일	jhyuntae512@hanmail.net
총 판	생명의 말씀사
주문전화	02)3159-8211
팩스	080-022-8585,6

가격: 12,000원